팬데믹 브레인

지은이 **정수근**

연세대학교 심리학과를 졸업하고 하버드대학교에서 심리학 박사 학위를 받았다. 프린스턴대학교 신경과학연구소Princeton Neuroscience Institute와 존스홉킨스대학교 심리뇌과학과 Johns Hopkins University Department of Psychological & Brain Sciences 박사후 연구원을 지냈고, 한국뇌연구원 인지과학 연구그룹에서 선임 연구원 및 그룹장을 거쳐 현재 충북대학교 심리학과 교수로 재직 중이다.

2020년 3월 11일, WHO의 코로나19 팬데믹 선언 이후 전 세계는 이전의 세계와 완전히 달라져 버렸다. 역사상 유례 없는 대격변 속에서 우리 뇌와 인지 기능이 무탈할 리 없다. 과연 우리는 어떤 위험에 처해 있으며 그 영향은 언제까지 계속될까? 이에 대한 연구가 세계 곳곳에서 한창이지만 대중에게 쉽게 설명된 적은 별로 없다. 그래서 저자는 코로나19 관련 뇌 과학과 인지 심리학 연구 수백 건을 직접 찾아보고 그 결과와 데이터를 정리해 누구나 쉽게 읽고 이해할 수 있도록 다듬어 이 책에 담았다.

팬데믹 브레인

초판 1쇄 발행 2022년 5월 10일

지은이 정수근 | **발행인** 박윤우 | **편집** 김동준, 김송은, 김유진, 성한경, 여임동, 장미숙, 최진우 | **마케팅** 박서연, 신소미, 이건희 | **디자인** 서혜진, 이세연 | **저작권** 김준수, 유은지 | **경영지원** 이지영, 주진호 | **발행처** 부키(주) | **출판신고** 2012년 9월 27일 | **주소** 서울 서대문구 신촌로3길 15 산성빌딩 5-6층 | **전화** 02-325-0846 | **팩스** 02-3141-4066 | **이메일** webmaster@bookie.co.kr | **ISBN** 978-89-6051-924-4 03180

만든 사람들
편집 최진우 | **디자인** 이세연 | **조판** 김지희

팬데믹 브레인

코로나19는
우리 뇌와 일상을
어떻게 변화시켰을까

정수근 지음

부·키

PANDEMIC BRAIN

알베르 카뮈의 소설 《페스트》에 이런 구절이 나온다. "페스트 환자가 된다는 것은 피곤한 일이다. 그러나 페스트 환자가 되지 않으려고 발버둥을 치는 것은 더욱더 피곤한 일이다." 그 당시에도 감염에 대한 공포는 심했기 때문에 감염되지 않으려고 노력하는 게 무척 힘들었을 것이다. 페스트는 중세 시대부터 인류에게 큰 위협이 되었던 팬데믹이지만 쥐의 벼룩에 의해 옮는다는 사실이 밝혀지고 보건 위생이 좋아지면서 자취를 감추었다. 하지만 보건 의료 시스템이 발달한 21세기에 새로운 팬데믹이 발생하리라 예상한 사람은 많지 않았을 것이다.

코로나19와의 전쟁을 치르면서 사회적 거리 두기를 하고 여러 차례 백신을 맞고 있지만 감염으로 인한 사망과 백신 부작용에 대한 공포, 사회적 고립에 의한 우울감은 우리에게 부정적인 영향을 주고 있다. 게다가 코로나19 팬데믹 이후 누구나 외출할 때 마스크를 꼭 챙겨 쓰게 되었다. 하지만 이로 인해서 다른 사람의 표정을 잘 구분하지 못하게 된 것이 우리 뇌에 어떤 영향을 미칠지에 대해서는 충분히 생각해 본 적 없을 것이다. 또 코로나19에 감염되면 마치 머릿속에 안개가 가득한 것처럼 멍해지고 집중력이 떨어지는 '브레인 포그' 증상을 겪는 경우가 있다고 한다. 과연 이 브레인 포그는 왜 생기고 어떻게 예방해야 할까?

이 책은 코로나19 팬데믹이 우리 뇌와 마음을 어떻게 변화시키는지, 그리고 이에 대해 어떤 대책을 세우면 좋을지 이야기하고 있다. 코로나19에 걸렸다가 완치되었다면 몸은 회복되었을지라도 바이러스가 뇌와 마음에 남긴 상처는 아직 그대로 남아 영향을 미치고 있을지 모른다. 그래서 우리 뇌와 마음에 남은 코로나19 바이러스의 흔적들을 하나씩 살펴보고 최선의 솔루션을 고민하는 과정이 반드시 필요하다. 그런 의미에서 이 책은 코로나19에 감염되었던 사람, 확진된 가족이나 지인을 둔 사람, 뇌와 마음 건강에 관심이 있는 사람 모두에게 중요한 정보와 통찰을 선사할 것이다.

전홍진
성균관의대 삼성서울병원 정신건강의학과 교수,
성균관의대 연구부학장,
《매우 예민한 사람들을 위한 책》 저자

2부 전 지구적 방역 현장이 된
우리의 일상

팬데믹 시대, 뇌 과학과 인지 심리학 연구의 최전선을 가다

한국사나 세계사 교과서에는 역사적으로 중요한 사건들이 실린다. 역사 교과서에 소개된 사건들이 꼭 전쟁, 역병, 자연재해 같은 부정적인 사건만 있는 건 아니지만, 그래도 나는 우리가 살아가는 이 시기가 역사책에 실리지 않았으면 하는 바람을 가지고 있었다. 무척 행복한 사건들까지는 바라지 않으니 대신 불행도 없었으면 했던 것이다. 새로운 왕조가 등장하거나 기존의 왕조가 저물어 가는 혼란기가 아니라 왕조의 전성기 전후처럼 적당히 안정된 시대, 굳이 역사책에서 언급할 필요 없는 무난한 시대였으면 했다.

하지만 2020년부터 시작된 코로나19 팬데믹은 분명 모든 역사 교과서에 기록될 것이다. 얼마간 시간이 지난 후 교과서에는 팬데믹 전후로 경제, 사회, 문화 등 거의 모든 분야에서 극심한 변화가 일어났다고 기록되지 않을까.

인간의 마음과 뇌가 어떻게 작동하는지를 연구하는 인지 심리학자 입장에서는 코로나19 팬데믹이 우리 사회를 어떻게 바꾸었는지와 같은 거시적 문제보다 나와 내 가족, 친구들의 마음과 행동에 어떤 영향을 미쳤는지가 더 궁금하다. 이 책은 이와 같은 의문에서 시작되었다. 코로나19 팬데믹이 인간의 마음과 뇌에 미치는 영향을 조사한 심리학, 뇌 과학, 신경 과학 최신 연구를 정리한 것이다.

물론 심리학자로서 팬데믹이 우리 뇌와 인지 기능에 어떤 영향을 미치는지 궁금해하는 것은 당연해 보이지만, 내가 처음부터 인간의 뇌와 마음에 큰 관심을 가졌던 것은 아니다. 사실 나는 대학 신입생 때 중어중문학을 전공했었다. 고등학생 때 배운 중국어에 큰 흥미를 느껴서 대학 전공으로 선택하기에 이른 것이다.

하지만 대학 수업을 통해 중국어와 중국 문학은 매우 다르다는 걸 뼈저리게 느꼈다. 그렇게 학점이 부족해지자 이를 메우기 위해 비교적 만만하고 재미있어 보이는 심리학 수업을 들었다가 그길로 전공을 바꾸게 되었다. 열심히 공부했는데 시험지만 받아 들면 왜 아무것도 기억나지 않는지, 새해 결심은 왜 매번 지키지 못하게 되는지 등 일상의 의문들을 숫자와 그래프, 뇌의 활동으로 설명해 주는 인지 심리학에 매료되었기 때문이다.

이후 하버드대학교에서 인지 심리학으로 박사 학위를 받았고, 프린스턴대학교 신경과학연구소Princeton Neuroscience Institute와 존스홉킨스대학교 심리뇌과학과Johns Hopkins University Department of

Psychological & Brain Sciences에서 박사후 연구원으로 일하면서 기능적 자기 공명 영상fMRI을 이용해 사람의 뇌가 어떻게 세상을 지각하고 기억하는지를 연구했다. 한국으로 돌아와서는 정부 출연 연구기관인 한국뇌연구원 인지과학 연구그룹에서 선임 연구원 및 연구그룹장으로 근무했고, 이제는 내가 심리학 수업에서 느꼈던 재미를 전달할 수 있기를 바라며 충북대학교 심리학과에서 학생들을 가르치고 있다.

심리학 수업에서 느낀 궁금증과 호기심은 어쩌면 이백과 두보를 입에 올리는 게 자연스러웠을지도 모를 중어중문학 전공 대학생의 진로를 바꿔 놓았다. 그리고 이런 호기심은 자연스레 팬데믹이 우리의 마음과 행동에 끼치는 영향에 대한 궁금증으로 이어지게 되었다.

나는 인지 심리학자로서, 의식하기도 어려운 미묘한 환경 변화가 심리학 실험 참가자의 행동과 마음, 뇌의 반응을 변화시키는 모습을 관찰해 왔다. 그런데 코로나19 팬데믹처럼 전 세계인의 일상을 통째로 뒤흔든 사건이 사람들의 뇌에 영향을 끼치지 않을 리 없다. 이런 확신을 가지고, 앞서 말한 대로 대학생 이후 내 인생을 좌우해 온 궁금증과 호기심을 따라 코로나19와 관련된 최근 연구들을 읽고 검토하기 시작했다. 그러면서 팬데믹으로 인해 변화된 일상이 사람들의 삶과 마음에 미치는 영향을 심리학 개론 정도의 수준으로 설명해 주는 글을 쓸 수 있겠다는 생각이 들었다. 이미 교양 심리학 수업이나 심리학 개론 수업에서 '사회적 고립, 신체적 접촉의 박탈이 마음과 뇌에 미치는 영향' 같은 주제를 빠짐없이 다뤄 왔기 때문이다.

다만 내가 코로나바이러스 전문가는 아니기 때문에, 이 책에서는 바이러스가 어떻게 등장했고 어떻게 감염되며 또 백신은 어떻게 작동하고 어떤 효과를 보이는지 등 바이러스와 직접 관련된 내용은 다루지 않았다.

팬데믹 2년, 우리 뇌와 마음에 무슨 일이 벌어졌을까

2022년 4월 현재, 코로나19 팬데믹이 선언된 지 약 2년이 지났다. 코로나가 우리의 뇌와 마음에 끼치는 단기적 영향에 대한 연구 결과는 여기저기서 나오고 있고, 장기적 영향에 대한 연구도 치열하게 진행 중이다. 미국국립의회도서관이 운영하는 의학 논문 검색 시스템인 퍼브메드PubMed에서는 2022년 1월 기준, 코로나19 관련 자료가 20만 건 이상 검색된다. 또 코로나19가 등장하기 이전에 진행된 연구 중에서도 팬데믹과 상당히 유사한 상황을 다룬 것도 많다.

이처럼 코로나19 관련 연구 결과는 워낙 많아서 모든 것을 다 파악하기 어렵고 더구나 한 권의 책에 요약해 담는다는 건 거의 불가능한 일이다. 따라서 이 책에는 코로나 시대에 일상에서 한 번쯤 궁금증을 가졌거나 걱정이 되었던 주제에 대한 연구 결과들만 추려 담으려고 노력했다.

학술지에 실린 논문의 내용을 되도록 이해하기 쉽도록 전달하기 위해 연구의 세세한 절차는 과감하게 생략하고 주요 결과만을 설명했다. 가급적이면 뇌의 세부적인 영역 이름 같은 전문 용어도 언급하지 않으려고 애썼다. 대신에 더 자세한 내용을 알고 싶은 독자를 위해 책 말미에 원논문 목록을 밝혀 두어 서지 사항을 확인할 수 있도록 했다. 하지만 쉽고 단순하게 정리하려다 보니 여러 한계점도 생길 수밖에 없다. 이는 독자 여러분의 너그러운 아량에 기댈 수밖에 없겠다.

이 책에서 소개하는 연구 결과들은 팬데믹과 비슷한 상황을 다룬 과거의 것도 있고 팬데믹 기간에 진행된 최신의 것도 있다. 물론 최신 연구 결과들이 코로나19의 영향을 좀 더 직접적으로 보여 주고 있다. 하지만 최근 연구 결과를 해석하는 데에는 더 많은 주의가 필요하다. 왜냐하면 이후에 진행될 연구에 의해 결과가 얼마든지 뒤집힐 수 있기 때문이다. 실제로 팬데믹 기간에 진행된 여러 연구 중에서 일관되지 않은 결과를 보인 연구도 많다.

또 연구가 진행된 시기나 대상 집단, 세세한 방법 등의 차이에 따라 서로 다른 결론을 내리는 경우도 흔하다. 예를 들어 코로나19 팬데믹 초기와 2년이 지난 시기의 상황은 명백하게 다르고 그에 따라 사람들의 행동도 달라진다. 그래서 이 책에 수록된 장들 대부분은 아쉽지만 명확한 결론을 내리기보다 여러 가능성을 제시하는 정도로 마무리되었다.

몇몇 장에서는 아직 학술지에 정식으로 출판되지 않은 연구를 소개하기도 했다. 학술지에 논문이 게재되려면 동료 연구자들의 심사를 통과해야 한다. 동료 심사를 통해 저자들이 미처 인지하지 못한 오류가 발견되거나 부족한 점이 보완되고 잘못 수행된 연구는 걸러지기도 한다. 하지만 요즘은 학술지에 정식으로 게재되지 않은 논문 원고라도 온라인에 미리 공개되는 경우가 많다.

정상적인 학술지에 실린 논문은 동료 연구자들의 검증을 통과했기 때문에 연구 결과를 어느 정도 신뢰할 수 있다. 하지만 논문 심사와 심사 결과에 따른 수정 작업은 몇 주에서 수개월, 경우에 따라 1년 넘게 걸리기도 한다. 따라서 아직 학술지에 정식으로 게재되지 않은 논문의 초고를 보는 것은 가장 최신의 연구 결과를 확인할 수 있는 방법 중 하나다. 하지만 어쨌든 공식적으로 학계의 평가를 거친 결과는 아니라는 점을 미리 밝힌다.

다양한 연구 결과를 복합적으로 살펴야 한다

이 책에서 소개하는 여러 연구는 인과 관계가 아닌 상관관계를 보여 준다. 한 가지 변인이 변할 때 다른 변인도 변한다면 상관관계가 있다고 말하지만, 그렇다고 한 변인이 꼭 다른 변인의 원인이 되는 것은 아니다.

상관관계와 인과 관계를 설명하는 데 흔히 쓰이는 예가 아이스크림 판매량과 폭력 범죄 발생 건수의 관계다. 아이스크림 판매량이 늘어날수록 폭력 범죄 발생 건수도 증가하는 관계가 있다. 그러나 아이스크림을 먹는 것이 폭행을 일으키는 원인은 아니다. 날이 덥다 보니 사람들이 아이스크림을 많이 먹고, 불쾌지수가 높아지면서 시비가 붙어 폭행이 늘어나는 것이다. 즉, 아이스크림 판매량과 폭력 범죄는 같이 변하는 상관관계가 있지만 둘 사이에 인과 관계가 있는 것은 아니다.

내가 강의할 때 즐겨 사용하는 예가 있다. 미국 영화배우 니컬러스 케이지Nicholas Cage가 출연한 영화의 수와 수영장에서의 익사자 수의 관계다. 1999~2009년에 니컬러스 케이지가 영화에 많이 출연할수록 수영장에서 익사하는 사람의 수도 많아졌다.[1] 이 상관관계는 진짜다. 하지만 니컬러스 케이지가 영화 촬영 때문에 바빠서 물에 빠진 사람을 구조하지 못한 거라고 생각하는 사람은 아무도 없다. 세상에 존재하는 수많은 자료 중 임의의 두 자료가 비슷한 경향성을 보일 가능성은 충분하다. 이처럼 우연히 발생하는 이상한 상관관계를 모아 놓은 웹 사이트에서 더 웃기고 어이없는 상관관계를 확인할 수 있다.[2]

니컬러스 케이지와 수영장 익사자 수의 관계처럼 누가 봐도 말이 안 되는 상관관계는 인과 관계로 착각할 리가 없다. 하지만 그럴

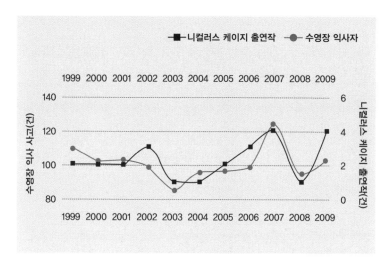

●●● 영화배우 니컬러스 케이지가 출연한 영화의 수와 수영장에서 익사 사고를 당한 사람의 수는 강한 상관관계를 보인다. (자료 출처: http://www.tylervigen.com/spurious-correlations)

듯한 변인끼리 우연히 상관관계를 보인다면 인과 관계로 잘못 해석하기 쉽다. '코로나19 감염 증상이 심할수록 어떤 행동이 증가하는 경향이 있다'라는 문장을 살펴보자. 이 문장의 진짜 의미는 '코로나19 감염이 어떤 행동의 원인이다'일 수도 있고, '코로나바이러스와 어떤 행동과 모두 관련된 제3의 요인이 있다'도 될 수 있다. 이 책에서 소개한 연구 중에도 상관관계만을 본 것이 많기 때문에 결과 해석에는 주의가 필요하다.

　연구의 내부분은 특성 시기에, 특성 집단을 대상으로, 특정한 방법으로 진행되었다는 점도 기억하면 좋다. 대학에서 심리학 수업을 수강한 사람이라면 한 번쯤 심리학 실험에 참여해 봤을 것이다. 국내외 여러 대학에서는 심리학 강의 수강자를 모집해서 실험하고 연구 논문을 발표하곤 한다. 하지만 심리학자들은 대학생을 대상으로 한 실험 결과를 모든 일반인에게 일반화할 수 있는가에 대해 고민해 왔다.[3] 모든 이가 대체로 비슷한 경향을 보이는 행동이 있는가 하면 문화권, 성별, 나이, 성격, 사회경제적 수준 등에 따라 서로 다른 경향을 보이는 것도 있기 때문이다.

심지어 같은 대학생 대상 연구라도 학기 초와 학기 말에 따라 다른 결과를 보이기도 했다.[4] 심리학 수업의 일환으로 실험에 의무적으로 참여해야 했는데, 학기 초부터 수업 이수 요건을 채우려는 사람과 학기 말이 되어서야 느지막하게 실험에 참여한 사람은 서로 다른 성향을 가졌을 수 있다. 혹은 학기 초와 학기 말의 날씨나 학생들의 피로도의 차이가 서로 다른 결과를 가져왔을 수도 있다.

심지어 동일인이더라도 상황에 따라 다른 행동을 한다. 마스크를 쓸지 말지 결정은 사람으로 가득한 지하철 내부와 텅 빈 운동장에서 서로 같지 않을 것이다. 연구 결과가 모든 상황에서 모든 사람의 행동을 완벽하게 설명하는 것은 아니라는 의미다.

각각의 연구는 저마다 제한점이 있기 때문에 복잡한 인간 행동의 일부분만 설명할 뿐이다. 하지만 여러 연구가 모이면 더 많은 부분을 설명할 수 있다. 여러 연구가 서로 다른 상황에서 모두 같은 결론을 보여 준다면 우리는 좀 더 분명하게 말할 수 있을 것이다.

사상 최대 사회적 고립 실험의 결과는?

심리학 연구를 소개하다 보면 가끔 '너무 당연한 걸 굳이 실험까지 하나?'라는 반응을 접할 때도 있다. 심리학 연구는 상식적으로 이미 아는 결론을 내릴 때가 많은 것도 사실이다. 그럼에도 불구하고 실험은 필요하다. 예측과 똑같은 결과를 얻었다고 해도 연구의 의미가 없는 것은 아니기 때문이다. 사람들의 당연한 행동이 언제, 어떤 상황에서 나타나는지 구체적으로 밝힐 수 있기 때문이다.

게다가 우리의 직관적인 예측이 항상 들어맞는 건 아니다. 상식에 반하는 의외의 결과를 얻을 때 우리는 이를 바탕으로 인간 행동에 대한 이해를 넓힐 수 있다. 차량 공유 서비스인 우버Uber 앱을 사용하다 보면 날씨가 좋지 않거나 수요가 몰리는 시간대에는 평소보다 높은 금액을 지불해야 한다. 그리고 우버 앱은 사용자의 스마트폰에서 수많은 정보를 수집한다. 그중에서 사람들이 비싼 가격을 수락할지 말지 정확히 예측하는 데 가장 중요한 정보는 무엇일까? 나는 가장 먼저 시간과 날씨를 떠올렸다. 늦은 시간, 춥다거나 비나 눈이 내리면 더 비싸더라도 빨리 배차를 받고 싶을 테니까. 하지만 사용자가 높은 가격을 수락할지 말지 가장 잘 예측할 수 있는 정보 중 하나는 바로 배터리의 잔량이었다.[5]

배터리가 1%도 남지 않았다면 저렴한 가격을 기다리기보다 좀 비싸더라도 일단 차를 부를 가능성이 높다. 스마트폰에서 수집하

•᛫ 우버는 이용자의 스마트폰에서 다양한 정보를 수집하지만 특히 배터리 잔량에 주목했다. 배터리 잔량이 이용자의 결정에 큰 영향을 미치기 때문이었다.

는 정보 중 배터리 잔량이 중요할 것이라고 예측하기는 쉽지 않다. 하지만 설명을 듣고 나면 당연한 것처럼 여겨진다. 결과를 듣고 나서야 그 정도는 이미 알고 있었다고 느껴지는 것을 사후 확신 편향 Hindsight Bias이라고 한다.

이 책에서 소개하는 여러 연구 결과도 읽고 나면 당연한 것처럼 들릴지 모른다. 하지만 그중 일부는 상식적이지 않은 결과일 수도 있고, 사전에 예측하기 어려운 결과였을 수도 있다.

시대에 따라 당연하다고 여기는 것이 달라지기도 한다. 요즘에는 담뱃갑에 흡연이 건강에 좋지 않다는 경고 문구와 그림이 인쇄

되어 있다. 하지만 담배가 건강에 미치는 영향을 조사한 자료가 충분히 모이기 전인 1930년대와 1940년대에는 의사가 담배 광고에 등장하기도 했다.[6] 금연 광고가 아니라 특정 상품을 추천하는 상업 광고였다. 이 책에서 소개하는 과거의 심리학 연구 결과들도 지금의 기준에서는 당연하게 여겨질 수 있지만, 그 연구 결과가 처음 발표되었던 당시에는 당연한 게 아니었을 수도 있다.

많은 연구자가 코로나19 팬데믹을 두고 인류를 대상으로 한 '사상 최대의 사회적 고립 실험'이라고 표현한다.[7] 전 세계인이 강제로 참여하게 된 이 실험의 결과는 시간이 지나면서 더 많은 연구가 진행되고, 팬데믹이 종식된 이후에나 정확하게 알 수 있을 것이다. 아직 그 결과를 완벽하게 예측할 수는 없지만, 이 책을 통해 '최대의 실험'이 현재 어떻게 진행되고 있는지 살펴보는 것만으로도 충분히 의미가 있을 것이다.

1부

코로나는 우리 뇌와 마음을
어떻게 위협하는가

코로나에 걸리면
정말 우리 뇌가 손상될까?

코로나바이러스에 감염되면 기침, 고열, 피로 등 감기와 비슷한 증상이 나타난다. 그러다가 병세가 악화되면 바이러스가 폐와 다른 호흡기 계통을 공격하여 호흡이 어려워진다. 그런데 코로나19 감염자 수가 급증하면서 환자의 호흡기뿐 아니라 신체 곳곳에서 이상이 발견되는 사례가 보고되기 시작했다.

확진자들이 공통적으로 호소한 대표 증상 중 하나가 후각 상실, 즉 냄새를 못 맡는 것이다. 그러다 보니 팬데믹 초기에 누리꾼들은 코로나19 감염증을 두고 '냄새 못 맡는 병'이라는 별명을 붙이기도 했고, 음식 냄새가 느껴지는지 여부가 자가 진단 키트를 대신

:• 코로나19에 감염되었을 때 가장 흔한 증상은 기침, 발열, 인후통, 몸살, 두통, 가래 등이 있다. 심하면 구토, 설사 등이 동반되기도 한다.

하기도 했다. 처음에는 코로나19 감염증이 감기 증상과 비슷하기 때문에 그저 코가 막혀서 냄새를 못 맡는다고 생각하는 사람이 많았다. 그런데 국내외 연구를 통해 후각 상실의 원인이 뇌 손상 때문일지 모른다는 결과가 나오면서 걱정과 두려움이 한층 커졌다.

코로나에 걸리면 우리 뇌에 안개가 낀다

코로나19 확진자 중 많은 이가 후각 상실 외에도 기억력 감퇴,

피로감, 주의 집중의 어려움 등 증상을 보였다. 또 일부 환자들은 섬망Delirium(갑자기 혼란스러운 정신 상태가 되며 인지 기능이 저하되는 증상)이나 환상과 환청 증상을 겪기도 했다. 이런 사례들은 코로나바이러스 감염이 신경계에도 영향을 줄 수 있음을 보여 준다.

이처럼 수많은 환자와 그들의 증상을 통해 코로나바이러스가 우리 뇌에 영향을 미친다는 것은 거의 확실하다. 하지만 바이러스가 어떻게 우리 뇌를 손상시키는지에 대해서는 여전히 연구 중이다. 뇌는 사람의 신체에서 가장 중요한 기관 중 하나이기 때문에 외부의 공격을 방어하기 위한 수단을 가지고 있는데 대표적인 것이 혈액뇌장벽Blood-Brain Barrier이다.

이것은 이름 그대로 혈관에서 뇌로 해로운 물질이나 바이러스가 전달되지 못하도록 막는 역할을 한다. 그러나 이 방어 수단이 완벽한 것은 아니어서 광견병 바이러스와 같은 일부 바이러스는 혈액뇌장벽을 통과할 수 있다. 마찬가지로 대량의 코로나바이러스가 이 혈액뇌장벽을 뚫고 들어가 뇌를 직접 공격할 수 있는지 그 여부에 대해서는 더 연구가 필요한 상황이다.

이 글을 쓰는 현재까지(2022년 3월) 코로나19 감염으로 인해 사망한 사람들의 뇌를 조사한 연구에서는 코로나바이러스가 뇌에 침투했던 직접적인 흔적을 찾아내지 못했다.[1] 하지만 코로나19 사망자의 뇌 상태는 마치 치매 같은 퇴행성 뇌 질환에 걸린 사람의 뇌처럼 여기저기 손상을 입었다. 뇌에 있는 여러 종류의 세포들이 망

•° 마치 머릿속에 안개가 가득한 것처럼 멍해지고 집중력이 떨어지는 증상을 브레인 포그라고 한다.

가졌고, 특히 인간의 고위 인지 기능을 담당하는 대뇌피질 신경 세포들의 연결도 손상되어 있었다. 이러한 뇌세포 손상은 코로나19 감염의 후유증으로 보고되는 브레인 포그Brain Fog 증상(주로 머릿속이 멍해지고 집중력이 떨어진다)의 원인일 수 있다.

과연 코로나바이러스가 뇌에 침투하는 걸까

코로나19 사망자의 뇌 속에서 코로나바이러스를 발견하지 못했는데 왜 뇌가 손상되었을까? 코로나바이러스가 뇌로 직접 들어가지 않아도 간적접으로 뇌 손상을 유발할 수 있기 때문이다.

2020년, 영국의 연구자들은 코로나19 확진자 중 신경학적 이상 증상을 보이는 환자들의 뇌에서 뇌염, 뇌졸중, 뇌출혈 흔적을 발견했다.[2,3] 코로나바이러스가 우리 뇌로 피를 공급하는 혈관에 영향을 주거나 신체 곳곳에 염증 반응을 일으켜 뇌 속 염증을 증가시키는 방식으로 영향을 미칠 수 있다는 것이다. 실제로 또 다른 연구에서는 코로나19 사망자의 뇌에서 모세 혈관이 크게 손상된 것을 발견했다.[4] 뇌의 혈액 공급에 문제가 생겨서 뇌의 신경 세포가 손상되고 브레인 포그가 나타났을 가능성이 큰 것이다. 또 코로나바이러스는 우리 몸의 면역 반응을 교란시켜서 면역 시스템이 우리 뇌를 공격하게 만들었을 수도 있다.[5]

코로나19 사망자의 뇌에서 코로나바이러스가 발견되지 않았다는 사실은 바이러스가 우리 뇌에 간접적인 영향을 미쳤을 가능성을 시사하지만, 그렇다고 코로나바이러스가 결코 우리 뇌에 들어가지 못한다는 것을 증명한 것은 아니다. 연구자들이 바이러스의 침투를 놓쳤을 가능성도 완전히 배제할 수 없기 때문이다. 또 감염 초기에 바이러스가 뇌에 손상을 일으킨 후 감염 말기에는 뇌에서 사라졌을 수도 있다.

인간의 뇌가 아닌, 쥐의 뇌를 연구한 결과 코로나바이러스의 일부인 스파이크 단백질이 혈액뇌장벽을 통과해 뇌로 직접 들어갈 수 있다는 사실이 밝혀졌다.[6] 실제 뇌와 유사하게 만들어진 인공 조

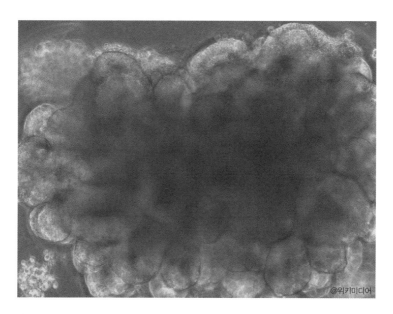

•꞉ 대뇌 조직의 오가노이드 모습. 오가노이드는 주로 신약과 인공 장기 개발에 활용된다.

직인 오가노이드Organoid를 이용한 실험에서도 코로나바이러스가 신경 세포를 손상시킨다는 것이 확인되었다.[7] 또 코로나19 사망자의 뇌에서 비록 적은 양이지만 코로나바이러스의 흔적이 관찰되기도 했다.[8] 하지만 코로나바이러스가 우리 뇌의 방어벽을 뚫고 대량으로 침투해 뇌 전역의 신경 세포를 직접 공격했다는 확실한 증거는 나오지 않았다.[9]

코로나바이러스가 정확히 어떤 메커니즘으로 우리 뇌에 영향을 미치는지, 어떻게 혈액뇌장벽을 넘어 뇌 안으로 침투하는지에 대해서는 뇌 손상을 막을 치료제를 개발하기 위해서라도 반드시 풀어야 할 숙제다. 지금 이 순간에도 코로나바이러스와 뇌의 관계에 대한 연구가 진행되고 있으니, 복잡한 이야기는 연구자들에게 넘기고 이쯤에서 독자들이 더 궁금해할 만한 질문으로 넘어가도록 하자.

완치된 후에도 인지 기능은 저하된다

만약 내가 코로나바이러스에 감염되었다고 가정하자. 과연 우리 뇌가 손상될 가능성은 얼마일까? 코로나19 감염의 후유증으로 인한 인지 기능 저하를 보이는 사람의 비율은 연구마다 차이가 있다. 적게는 약 20%부터 많으면 약 80%에 이르기까지 폭넓게 나타난다.[10] 한 연구는 코로나19 환자의 약 34%가 기억력 감퇴를 호소했고, 약 55%는 피로 증상을 보였으며, 약 28%는 주의 집중에 어려움을 느꼈다고 보고했다.[11] 연구마다 조사 대상과 인원, 조사 기간, 환자의 병세 정도가 각각 다르기 때문에 인지 기능 저하의 발생 비율을 추정하기란 쉽지 않다. 하지만 어느 경우든 무시해도 될 만한 비율은 아니다.

젊은 성인이나 어린이들은 코로나에 감염되어도 수월하게 완치될 가능성이 비교적 높다. 그렇다면 뇌 손상도 완치될 수 있을까? 혹시 무증상 감염이라면 뇌 역시 무증상으로 남을 수 있을까? 미국에서 보고된 26세 여성 환자의 사례를 살펴보자.[12] 이 여성은 코로나바이러스에 감염된 후 후각과 미각 상실, 피로와 무기력 증상 등 대체로 경미한 증상을 보였다. 그런데 2~3주가 지나자 왼쪽 발을 제대로 움직이지 못하는 새로운 증상을 겪게 되어서, 이 환자의 뇌를 자기 공명 영상MRI 장비로 촬영했더니 오른쪽 뇌가 손상된 것을 발견했다. 우리 몸의 왼쪽 부분은 바로 이 오른쪽 뇌가 통제하고 있다.

환자 한 명의 사례를 일반화하긴 어려우니 더 많은 사례를 찾아보자. 2006년부터 영국인 50만 명의 건강 빅 데이터를 확보한 바이오뱅크UK Biobank는 코로나19 팬데믹 이전에 촬영한 4만 명 이상의 영국인 뇌 영상 데이터도 보유하고 있다. 연구진은 이 데이터베이스에 등록된 사람들 중 코로나19에 걸린 400여 명의 뇌 영상을 다시 촬영하여 코로나19 감염 전과 후에 뇌가 어떻게 달라졌는지 측정했다. 그랬더니 코로나바이러스에 감염된 사람들의 뇌는 여러 영역에 걸쳐 회백질Gray Matter의 두께가 얇아졌다는 것이 확인되었다.[13] 회백질은 신경 세포의 기능을 유지하고 정보를 처리하는 데 핵심적인 역할을 하는 세포체Cell Body, Soma가 주로 모여 있는 부위이다.

코로나19 감염 이후 뇌가 손상을 입거나 뇌의 특정 영역의 부피가 줄어드는 현상은 병세가 심각해 병원에 입원한 환자든 병세가 경미해 입원하지 않은 환자든 모두에게서 나타났다. 따라서 나이가 어리고 거의 무증상에 가까운 경증 환자라고 해도 뇌는 코로나

19의 영향을 받을 가능성이 높다. 어린이 환자도 상대적으로 경미한 증상을 보이는 경우가 많지만, 완치 후 두통과 피로 등 후유증을 보이는 사례가 보고되고 있다.[14]

중증 환자가 환각, 환청, 섬망 같은 신경학적 증상을 보이는 것도 무서운 일이지만, 경증 환자라고 해서 안심할 수 없다. 특별히 겉으로 드러나는 신경학적 증상이 없다고 하더라도, 여러 연구가 코로나19 감염 이후 신체와 인지 기능이 저하될 수 있음을 보여 주고 있기 때문이다. 머릿속이 멍한 상태로 업무나 학습에 집중하기 어렵다거나 전날 본 드라마의 내용이 잘 기억나지 않는 것 등이 대표적인 코로나19 후유증으로 보고되고 있다.

게다가 코로나19 감염에서 몸이 완전히 회복하고 아무런 증상을 보이지 않게 되었을 때에도 인지 기능은 쉽게 회복되지 않는다. 도형 퍼즐 문제 풀기, 기억 과제, 논리 추론 과제 등 9가지 과제를 통해 코로나19 완치자의 인지 기능을 측정해 본 결과 감염되지 않은 사람들보다 점수가 낮았던 것이다.[15]

병세가 심각해서 인공호흡기를 달고 치료를 받았다가 회복된 사람들은 완치된 후에도 코로나에 감염되지 않은 사람들보다 지능 검사 점수가 약 7점 정도 낮은 수준을 보였다. 보통 나이가 들수록 인지 기능 측정 과제의 수행 능력이 조금씩 약해지는데, 지능 검사 점수 7점이 낮아졌다는 것은 대략 뇌가 10년 더 나이가 든 것으로 추정할 수 있다. 물론 인지 기능 측정 과제 점수를 곧이곧대로 비교하는 것은 매우 단순한 해석이지만, 정도의 차이는 있어도 코로나 19 감염이 인지 기능에 영향을 미친다는 사례는 끊임없이 보고되고 있다.

백신을 접종하면 코로나바이러스에 감염될 위험이 줄고, 확진되더라도 위·중증으로 악화될 가능성이 낮아진다. 그렇다면 백신 접종이 완치 후 나타날 피로, 인지 기능 감퇴 등 여러 후유증도 막아 줄 수 있을까? 일부 연구에서는 백신 접종자가 코로나19 후유증도 덜 보인다고 보고되고 있지만 그 효과가 그리 크지 않고 연구 대상도 적은 편이라 아쉽지만 아직은 명확한 결론을 내리기 어려워 보인다.[16]

코로나19 완치 후에도 이어지는 인지 기능 저하가 과연 오랜 시간이 지나면 원래 상태로 돌아올 수 있을까? 피로나 인지 기능 저하 증상은 코로나19 감염 후 최소 7개월이 지난 후에도 계속 나타날 수 있다.[17] 또 코로나19로 인한 뇌 손상이 장기적으로 다른 뇌 질환으로 이어질 가능성에 대한 우려도 존재한다.[18] 결국 인지 기능 저하가 얼마나 지속될지, 또 오랜 시간이 지나면 자연스럽게 회복될 수 있을지 확인하려면 좀 더 시간이 필요하다.

아직 연구가 더 필요한 상황이지만, 우리 뇌는 경험에 따라 얼마든지 변화할 수 있기 때문에 코로나19 감염 이후라도 뇌의 기능이 충분히 회복될 수 있을 것이라 기대할 수 있다. 이미 미국, 영국 등의 나라에서는 기존의 약 중에서 코로나19 후유증의 예방 효과를 거둘 수 있는 약을 찾기 위해 노력 중이다.[19] 영화 〈인터스텔라〉에 이런 대사가 있다. "우리는 답을 찾을 것이다, 늘 그랬듯이." 코로나19 팬데믹 이후 백신을 빠르게 개발한 것처럼, 뇌 손상에 대한 예방책이나 해결책도 찾아내기를 기대해 본다.

팬데믹이 우리의 정신 건강을 악화시킨다

2021년, 영국 의약 업체 로이즈파머시LloydsPharmacy의 연구진이 공개한 한 장의 사진을 두고 전 세계인이 경악을 금치 못했다. 그것은 팬데믹으로 인한 격리와 거리 두기 등 폐쇄적인 일상이 계속될 경우 우리의 모습이 어떻게 변할지 예측한 상상도였다. 사진 속 인물은 눈이 퀭하고 피부는 몹시 푸석하고 창백했다. 급격한 체중 증가로 인해 몸은 비만에 가깝고 목과 허리는 상당히 굽어 있어 불편해 보인다. 연구진은 재택근무가 늘고 바깥 활동과 운동이 매우 부족해졌으며 스마트 기기에 더욱 놀누하고 인스턴트와 배달 음식 비중이 높아진 상황에서 오랫동안 각종 불안과 스트레스에 시달리다 보

$\bullet$ 영국 의약 업체 로이즈파머시는 팬데믹처럼 폐쇄적인 일상을 지속할 경우 5년 안에 이런 모습으로 변할 것이라고 상상했다.

면 우리 몸은 이렇게 변하고 말 것이라고 경고했다.

영국 일간지 《가디언》은 육체 건강만큼 정신 건강의 악화 또한 매우 우려스럽다고 지적했다. 팬데믹으로 인한 사회적 고립을 경험한 사람의 뇌는 "마치 지하 벙커에 오랫동안 갇혀 있다가 풀려난 사람의 뇌와 닮았다"고 설명한 것이다.

2022년 4월 18일 기준, 우리나라 전체 인구 3명 중 1명은 코로나19 감염을 경험했다. 하지만 확진 여부와 상관없이 전 세계인 모두의 일상이 팬데믹으로 인해 변화를 겪었다. 코로나19 팬데믹 선언 후 2년이 훌쩍 넘었고 끝을 알 수 없는 상황이 계속되고 있다. 이토록 장기간 스트레스에 노출된 사람들의 정신 건강이 상당히 악화되었을 것이라고 쉽게 예상할 수 있다. 실제로 다양한 연구를 통해 어떤 종류의 정신 건강 문제가 더 많이 발생하는지, 그리고 시간에 따라 어떻게 달라지는지, 어떤 집단의 구성원들이 정신적 고통을 더 크게 받는지 등 구체적인 현황을 정량화할 수 있다.

팬데믹이 생존에 대한 불안과 공포를 불러오다

코로나19 팬데믹 이전인 2019년부터 이후인 2021년까지 19개국에서 운영하는 총 23종류의 상담 전화Helpline Call 서비스에 걸려 온 800만 건의 통화를 분석한 연구가 있다.[20] 그 결과를 살펴보면 코로나19 팬데믹이 시작되고 나서 각종 정신 건강 문제로 도움을 요청하는 전화가 증가하기 시작했음을 알 수 있다. 팬데믹 이전에 비해 최대 35%까지 늘어났다. 연구자들은 팬데믹 초기에는 급증하는 상담 통화 때문에 제대로 응답하지 못한 경우도 많았으므로 35% 증가 수치는 실제보다 적게 추정된 값일 수 있다고 덧붙였다.

팬데믹 이전의 상담 전화는 대부분 인간관계 문제를 호소하는 내용이었고 외로움과 불안이 자주 등장했다. 하지만 팬데믹 이후의 상담 내용에서는 바이러스 감염에 대한 두려움과 외로움을 언급하

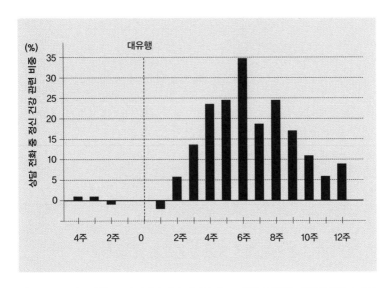

∴ 코로나19 대유행 후 2주가 지나자 정신 건강 문제로 도움을 요청하는 상담 전화의 수가 폭증하기 시작했다. (자료 출처: Liu, C. H., & Tsai, A. C. (2021). Helpline data used to monitor population distress in a pandemic. *Nature, 600*(7887), 46-47.)

는 비중이 늘었고 인간관계 내용은 줄어들었다.

코로나19가 세계적으로 대유행하는 약 6주 동안 상담 전화는 급증했다가 이후 다시 줄어드는 경향을 보였다. 감염의 공포와 외로움을 호소하는 상담이 줄어든 이유 중 하나는 각국 정부가 소득 지원 정책을 시행했기 때문으로 나타났다.

또한 일본의 한 조사에 따르면 코로나19 팬데믹 직후에는 자살률이 평소보다 낮아진 것으로 나타났다.[21] 하지만 초반 5개월 동안 줄어들던 자살률은 2차 대유행을 맞은 2020년 7월 이후 월 16%까지 증가했다. 팬데믹 초기에 오히려 자살률이 떨어지는 현상은 이상하게 보일 수도 있지만 이런 경향성은 쓰나미나 허리케인, 지진처럼 대형 자연재해와 맞닥뜨린 직후에도 유사하게 나타나는 사례가 많다.[22] 재해 직후에는 자살 시도가 줄었다가 시간이 지나면 전보다 더 크게 증가하는 것이다. 앞에서 소개한 상담 전화 연구에서도 자살 관련 상담이 팬데믹 직후 조금 줄어든 것으로 나타났는데, 아마도 대형 재해가 발생한 직후에는 자살 생각보다 눈앞에 벌어진 사태와 주변인의 고통에 더 집중하게 되기 때문일 것이다.

또 중남미 11개국의 구글 검색어를 조사한 연구에서는 팬데믹 이후 사람들이 불면증, 스트레스, 불안 등의 키워드를 많이 검색한 것으로 나타났다. 시간이 지나면서 불면증은 인기 검색어 목록에서 내려갔지만 스트레스, 불안 등의 검색량은 팬데믹 봉쇄 기간 동안 줄어들지 않았다.[23]

이처럼 코로나19 팬데믹은 전 세계 곳곳에서 다양한 방법으로 사람들의 정신 건강에 악영향을 끼치고 있다. 그러면 우리나라는 어떨까?

2020년 4월, 성균관대학교 연구 팀이 진행한 설문 조사에 따르면 조사 대상의 29.7%가 우울감을, 48.8%가 불안감을 보였다. 또 2020년 5월에 진행된 고려대학교와 침례신학대학교의 정신 건강 설문 조사에서는 응답자의 4분의 1 이상이 심리적 고통, 우울, 불안 증상을 가지고 있다고 보고했다.[24] 특히 흥미로운 점은 두 조사 모두, 여성과 소득이 낮거나 감소한 사람이 심리적으로 부정적인 영향을 많이 받은 것으로 나타났다는 사실이다. 설문 연구는 어떤 측정 도구를 사용했는지, 조사 대상은 어떻게 구성되었는지, 또 언제 조사가 진행되었는지에 따라 결과가 조금씩 달라질 수 있다. 따라서 동일한 연구를 주기적으로 반복해 변화의 추이를 살피는 방법도 유용할 것이다.

보건복지부와 한국트라우마스트레스학회에서 코로나19 팬데믹 기간 동안 분기별로 19세 이상 성인들의 정신 건강 설문 조사를 실시했다.[25] 그 결과, 2021년 6월 조사에서는 사람들의 불안 점수가 1차 대유행 시기인 2020년 3월에 비해 다소 낮아진 것으로 나타났다. 우울 점수 또한 팬데믹 기간 동안 계속 달라졌지만 2021년 6월에는 팬데믹 초기보다 낮은 점수가 나왔다. 코로나19에 대한 두려움 역시 초기에 비해 2021년에는 낮아졌다. 조사 시기에 확진자 수가 얼마였는지, 사회적 거리 두기 정책은 얼마나 강력하게 시행되고 있었는지, 백신은 차질 없이 보급되고 있는지 등 여러 요인이 사람들의 평균적인 정신 건강 상태에 영향을 미쳤을 것이다.

2021년 6월 조사에서 설문 응답자들의 우울 점수가 팬데믹 초기보다 낮아졌다고는 하지만 팬데믹 이전인 2019년의 점수보다는 여전히 높은 수준이었다. 따라서 조사 결과 우울이나 불안 점수가 팬데믹 초기보다 나아졌다고 해서 사람들의 정신 건강이 코로나19의 영향에서 벗어나 다 회복했다고 보기는 어렵다.

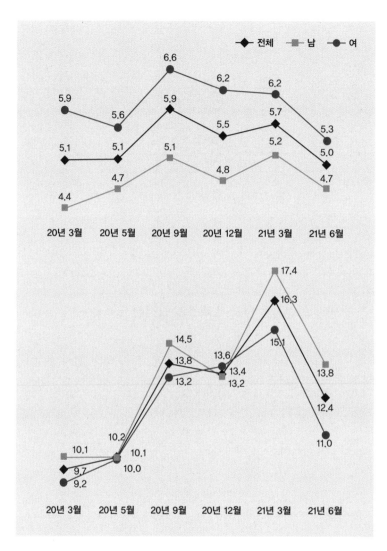

전체 ◆　남 ■　여 ●

20년 3월 / 20년 5월 / 20년 9월 / 20년 12월 / 21년 3월 / 21년 6월

(위 그래프)
- 여: 5.9 / 5.6 / 6.6 / 6.2 / 6.2 / 5.3
- 전체: 5.1 / 5.1 / 5.9 / 5.5 / 5.7 / 5.0
- 남: 4.4 / 4.7 / 5.1 / 4.8 / 5.2 / 4.7

(아래 그래프)
- 남: 10.1 / 10.1 / 14.5 / 13.2 / 17.4 / 13.8
- 전체: 9.7 / 10.0 / 13.8 / 13.4 / 16.3 / 12.4
- 여: 9.2 / 10.2 / 13.2 / 13.6 / 15.1 / 11.0

∴ 코로나19 팬데믹이 선언된 2020년 3월 이후 우울 평균 점수(위)와 자살을 생각하는 비율(아래)은 오르락내리락했지만 1년쯤 지나자 서서히 내려가기 시작했다. 하지만 여전히 팬데믹 이전에 비해 높은 수준이다. (자료 출처: 2021년 2분기 《코로나19 국민 정신 건강 실태 조사》)

우리나라에서도 다른 나라들의 조사 결과와 마찬가지로 코로나19 팬데믹으로 인해 사람들이 우울, 불안 등 부정적인 감정을 많이 보였고 정신 건강도 악화되었음을 알 수 있다. 하지만 시간이 지날수록 정신 건강과 관련된 조사 점수가 전체적으로 개선되는 경향을 보이는 것은 참으로 다행스러운 일이다.

그러나 조사를 진행한 한국트라우마스트레스학회에서는 20~30대의 젊은 세대와 여성에게서 우울 위험군 비율이 높게 나타났고 젊은 남성층에서 자살을 생각하는 비율이 높게 나온 것을 볼 때 여전히 정신 건강 수준에 주의를 기울여야 한다고 지적했다.

방역의 최전선은 곧 스트레스의 최전선

코로나19 팬데믹의 영향을 유난히 더 크게 받은 집단 중 하나가 바로 보건 의료업계 종사자들이다. 코로나와 최전방에서 싸우는 이들은 단순히 업무량이 급증한 게 아니라 바이러스 감염의 위험에 더 많이 노출되어 있기 때문이다. 한 연구에서는 2003년 사스SARS가 유행하던 당시 병원에서 일했던 사람들의 약 10%가 심한 외상 후 스트레스 증상을 보인 것으로 조사되었다. 게다가 사스 유행이 끝난 후 3년이 지나서도 병원 직원들은 여전히 외상 후 스트레스 장애를 보일 가능성이 높았다.

코로나바이러스가 시작된 곳으로 알려진 중국 우한 시가 위치한 후베이성의 의료진들의 정신 건강 상태를 조사한 결과,[26] 코로나19 대유행 초기에 바이러스의 진원지에서 일했던 의료진들은 심한 불안과 우울감, 불면증 증상을 보인 것으로 나타났다. 또한 중국의 다른 지역에 사는 사람들보다 후베이성 거주자들이 더 큰 심리적 고통을 겪었는데, 그 안에서도 특히 의료진들의 심리적 고통이 다른 직업 종사자보다 더 심한 것으로 나타났다. 이러한 결과는 중국뿐 아니라 여러 나라에서도 마찬가지다. 언제 끝날지 모르는 팬데믹 상황에서 각국 의료진들의 정신적 고통이 유난히 심한 것으로 조사된 것이다.[27, 28, 29]

특정 집단의 정신적, 신체적 연구 결과를 통해 누가 제일 힘든지 순위를 매기려는 것이 아니다. 집단과 개인에 따라 정신적 고통의 원인과 고통의 정도가 다르고, 이를 제대로 파악해야 각 집단을 어떻게 배려하고 지원할지도 알 수 있다. 또 팬데믹은 현재 진행형이기 때문에 앞으로도 사람들이 정신 건강 상태를 면밀하게 조사할 필요가 있다. 게다가 만성적인 스트레스 경험이 장기적으로 우리에게 어떤 후유증을 남기게 될지도 추후의 연구 문제다.

사회적으로 고립되면
왜 몸과 마음이 아플까?

코로나19 팬데믹은 우리로부터 새로운 누군가를 만날 기회를 빼앗았을 뿐 아니라 이미 알고 지내던 사람들과의 관계도 단절시켜 버렸다. 내 경우만 해도 사회적 거리 두기 단계가 조정될 때마다 모임 약속이 생겼다가 취소되기를 반복했고, 그러다 보니 2년이 넘도록 얼굴을 보지 못한 친구도 늘어났다. 물론 코로나 이전에도 1년에 한 번 얼굴 보기 힘든 친구들이었지만 코로나 이후에는 괜히 더 사이가 멀어진 것처럼 느꼈다. 아마 이 책을 읽고 있는 독자분들도 비슷하지 않을까 싶다.

친한 지인들과의 만남은 그 자체로 즐거운 경험이지만 좋은 사회적 관계를 유지하는 것은 신체적, 정신적 건강 측면에서 장점이 많다. 가족, 친구, 직장 동료와의 관계가 좋으면 외로움을 덜 느끼고, 인간관계로 인한 스트레스도 덜 받기 때문이다. 게다가 스트레스 상황에 처하더라도 주위에서 많은 도움을 기대할 수 있다. 실제로 다른 사람들과 좋은 사회적 관계를 유지하는 사람일수록 더 건강하게 살고 수명도 길다. 수명 증진에 미치는 좋은 사회적 관계의 영향은 담배를 끊었을 때 우리 몸이 건강해지는 정도와 비슷하다고 추정된다.[30, 31]

관계의 단절은 육체적 고통과 같다

반면에 사회적으로 고립되는 경험은 고통을 수반한다.[32] 사회적 배척 경험이 주는 효과를 알아보기 위한 실험에서 참가자들은 공을 주고받는 간단한 컴퓨터 게임을 했다. 그들은 자신이 다른 2명의 참가자와 함께 게임을 하고 있다고 생각했지만 사실은 컴퓨터가 다른 두 참가자의 역할을 대신하고 있었을 뿐이다. 처음에는 컴퓨터가 조종하는 2명과 참가자가 서로 사이좋게 공을 주고받았지만 시간이 지나자 참가자에게는 더 이상 공이 오지 않게 되었다. 컴퓨터가 조종하는 2명끼리만 공을 주고받으며 참가자를 따돌리는 상황이 된 것이나.

다른 2명을 실제 사람이라고 여긴 참가자는 따돌림을 당하자

•ˎ 우리는 따돌림을 받았을 때 마음에 상처를 입지만 우리 뇌는 신체에 상처를 입은 것과 비슷한 고통을 느낀다.

마치 신체적 고통을 받을 때와 비슷한 뇌 반응을 나타냈다. 물론 사회적인 따돌림과 신체적 고통에 반응하는 뇌 신경망이 서로 겹친다고 해서 반드시 두 종류의 고통이 100% 동일한 정보 처리 과정을 거친다는 의미는 아니다.[33] 하지만 여러 연구 결과는 사회적으로 배척되는 경험이 신체적 고통과 유사하게 우리 몸에 부정적인 영향을 끼칠 수 있음을 보여 주고 있다.[34]

다른 원숭이와 아무런 교류도 없이 독방에서 홀로 자란 원숭이들은 공격성이나 음식을 거부하는 등 이상 행동을 보인다.[35] 이 원숭이들은 비록 사회적으로 고립되어 다른 원숭이나 동물과 접촉하지 못했지만 방 안 온도나 조명은 모두 쾌적한 상태로 유지되었고 그 안에서 다양한 장난감을 가지고 놀 수 있었다. 게다가 식욕이나 다른 욕구도 모두 충족되었다. 하지만 그럼에도 불구하고 사회적 교류가 결여되자 정상적으로 발달하지 못한 것이다.

나쁜 사회적 관계는 우리 뇌에 위협처럼 작용한다. 사회적 고립을 직접 경험했을 때뿐 아니라 사람들과의 관계가 끊어질 수 있다고 예상되는 상황에서도 위협이나 고통을 처리하는 뇌 영역이 반응한 것이다.[36, 37]

우리 뇌가 위협을 감지하면 몸은 반응하기 시작한다. 아드레날린과 같은 호르몬이 분비되고 심박수와 혈압이 올라가면서 우리 몸은 위협에 빠르게 반응할 수 있도록 긴장된 상태로 대기하게 된다. 그러나 스트레스가 멈추지 않고 계속 이어진다면 신체에 미치는 부담도 계속되고 면역 시스템도 저하된다. 우리 몸과 뇌는 일시적인 스트레스에는 대체로 잘 대응하는 편이지만, 2년 넘게 이어진 팬데믹으로 인한 만성적인 스트레스에는 뇌와 신체가 제대로 대응하기 어려운 것이다.

농담 반 진담 반으로 '민속놀이'라는 별명이 붙은 게임 〈스타크래프트〉 속 해병(마린) 유닛은 전투 강화제(스팀팩)를 사용하면 속도가 빨라지는 대신 체력이 감소한다. 과도한 스트레스를 장기간 받는 것은 마치 해병 유닛이 치료받지 못한 채 전투 강화제를 지속적으로 사용하는 것과 유사하다. 한동안은 빠르게 이동하고 공격할

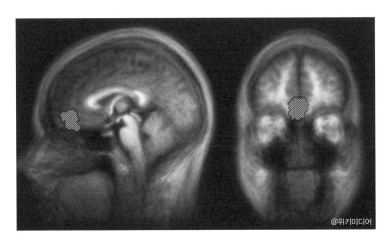

@위키미디어

• 오랜 기간 좋은 관계를 유지한 연인의 사진을 볼 때 인간의 뇌에서는 보상과 관련된 영역(빗금 부분으로 'vmPFC'라 한다)이 활성화된다.

수 있지만 곧 전투 강화제의 효과가 사라지고 체력도 바닥난 상태가 되어 버리는 것이다.

반대로 좋은 사회적 관계는 우리 뇌에 보상처럼 작동한다. 오랫동안 사랑을 키워 온 연인의 사진을 본 사람들의 뇌에서는 보상과 관련된 영역이 활성화된다.[38] 또 신체적 고통을 겪고 있어도 연인의 사진을 보면 뇌의 고통 처리 신경망이 상대적으로 덜 반응하고 고통도 덜 느끼는 것으로 나타났다. 사회적으로 따돌림을 당한 상황에서 공감이나 위로처럼 정서적 지지를 받게 되면 심리적 고통을 처리하는 뇌 영역의 반응도 감소했다.[39]

좋은 관계는 우리 몸과 뇌를 되살아나게 한다

이처럼 긍정적인 사회적 관계와 지지가 우리 몸에 미치는 영향은 부정적인 사회적 관계와 고립이 주는 영향과 반대로 작동한다. 사회적 고립으로 인한 스트레스가 우리 몸을 긴장시키고 각성시킨다면, 좋은 사회적 관계로 인한 효과는 심박수 감소, 스트레스와 관련된 호르몬인 코르티솔 분비 감소 등 이완되고 안정된 상태로 이어진다. 또한 사회적 활동을 활발하게 하고 더 좋은 사회적 관계를 유지하는 사람들은 노년기에도 기억, 주의 등 인지 기능이 상대적으로 잘 유지되는 경향을 보인다.[40, 41]

코로나 시국에 활발한 사회적 교류를 하기란 쉽지 않다. 그렇다고 아예 방법이 없는 것도 아니다. 사회적 거리 두기 단계가 오르락내리락하는 동안에도 사람들은 소규모로 짧은 시간 동안 대면 모임을 이어 가고 있다. 소개팅 자리에 마스크를 쓴 채 나가기도 한다. 식당이나 카페 같은 다중 이용 시설에서 여럿이 마스크를 벗고 대화하는 게 불안하고 신경 쓰인다면 온라인상에서 다른 사람들과 상호 작용하는 것도 괜찮다. 온라인상에서 누군가를 만나는 경험이 대면 모임을 완전히 대체하진 못하겠지만 그래도 정신 건강에는 충분히 도움을 주는 것으로 나타났기 때문이다.[42]

이탈리아는 코로나19 팬데믹 초기에 가장 큰 피해를 입은 나라 중 하나인데, 확진자와 사망자가 폭증해 이탈리아 전역에 봉쇄령이

• 2020년 1월, 이탈리아는 유럽 국가 중 최초로 전국 봉쇄령을 내렸다. 당시 이탈리아 국민들은 발코니에서 노래를 부르거나 악기를 연주하면서 답답함을 해소했다. 2022년 3월, 이탈리아는 공식적으로 비상사태를 종료하며 위드 코로나 전환을 꾀했다.

내려졌다. 이 기간 동안 이탈리아 사람들은 발코니에 나가 바깥공기를 쐬며 노래를 부르거나 악기를 연주했는데 이 영상이 소셜 미디어에 퍼지면서 화제가 되었다.

집 안에 갇혀 지내던 사람들이 마찬가지로 집 밖에 못 나가는 이웃을 위해 노래를 부르고 이웃과 함께 연주하면서 봉쇄의 스트레스를 달랜 것이다. 결국 사회적 고립이 우리에게 미치는 악영향을 피하는 최고의 방법은 사회적 교류를 다시 회복하는 것인 셈이다.

팬데믹, 남극 기지,
우주 정거장의 공통점은?

미국의 SF 작가 앤디 위어의 동명 소설이 원작인 영화 〈마션〉
(2015)의 주인공 마크 와트니는 화성 탐사 도중 불의의 사고로 화
성에 홀로 남겨지고 만다. 그는 2년이 넘도록 삭막한 화성에서 살
아남았고 결국 지구로 무사히 귀환하게 된다. 또 다른 영화 〈캐스
트 어웨이〉는 비행기 사고로 무인도에 표류하게 된 주인공의 이
야기를 그리고 있다. 여기서도 주인공은 무인도에서 홀로 4년여를
버텨 내 결국에는 무사히 집으로 돌아가는 것으로 이야기가 마무리
된다.

　그동안 전 세계적으로 코로나바이러스 확산을 막기 위한 사회

적 거리 두기와 봉쇄가 시행되었다. 사람들은 되도록 타인과의 접촉을 피하고 격리와 비슷한 상태로 2년이 넘는 시간을 보내야 했다. 물론 영화 속 주인공들처럼 극단적으로 사회와 떨어진 것은 아니지만, 팬데믹 이전의 일상과 비교하면 전 세계인 모두가 약한 정도의 '격리' 상태를 겪었다고 해도 무방할 것이다.

코로나19 팬데믹이 선언되기 훨씬 이전부터 실제로 외부 사회와 단절된 채 꽤 오랫동안 지내야 하는 사람들이 있었다. 바로 극지 탐험가와 연구자, 우주 비행사들이다. 이들은 연구 기지처럼 한정된 공간이나 우주 정거장처럼 매우 좁은 공간에서 소수의 사람들과 함께 지내야 한다. 덕분에 오래전부터 사회적으로 고립된 상황에서 인간의 신체와 정신이 어떤 변화를 겪는지 연구되어 왔다. 팬데믹으로 인한 사회적 격리는 당연히 영화 속 주인공들이 처한 상황이나 극지 탐험가, 우주 비행사의 상황과 같을 수 없다. 그래도 팬데믹으로 인한 사회적 격리의 효과를 예측하는 데에는 큰 도움이 될 수 있다.

단절은 기억력과 면역력을 갉아먹는다

독일의 노이마이어 III Neumayer Station III 남극 기지에 파견된 극지 탐험가들은 14개월 동안 외부와 고립된 채 지냈다. 남극에서의 생활이 끝난 후 이들의 뇌를 MRI로 촬영했더니 남극에 가기 전에

•:̇ 독일의 남극 기지 노이마이어Ⅲ의 모습. 이곳에서 고립된 생활을 한 대원들의 뇌를 관찰했더니 해마의 크기가 줄어들었다.

비해 기억력과 관련 있는 해마의 크기가 약 7% 정도 줄어든 것으로 나타났다.[43] 또 해마만큼 눈에 띄는 차이는 아니지만 해마 근처 뇌 영역들의 크기도 일부 줄어드는 경향을 보였다.

줄어든 것은 뇌의 크기만이 아니었다. 뇌유래신경영양인자 BDNF, Brain-Derived Neurotrophic Factor 역시 줄어든 것이다. 뇌유래신경영양인자는 그 이름에서 유추할 수 있듯 뇌 신경계의 성장과 발달을 돕는 물질인데 학습과 기억에 중요한 역할을 한다. 해마의 크기가 많이 줄어든 사람일수록 뇌유래신경영양인자의 양 역시 낮아졌으며, 뇌에서 일어난 변화는 인지 기능의 변화도 초래했다. 뇌에

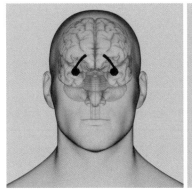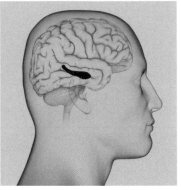

∴ 기억, 공간 정보 처리와 관련된 뇌 영역인 해마는 길다란 모양으로 측두엽 양쪽에 총 2개가 존재한다.

큰 변화가 일어난 사람일수록 주의 기능과 공간 인지 과제 수행 능력이 저하된 것이다.

노이마이어 기지의 대원들은 남극 생활을 시작한 지 3개월 정도 지나자 뇌유래신경영양인자의 양이 떨어지기 시작했다. 이들은 남극에서의 임무를 마치고 원래 살던 곳으로 돌아간 후에도 한동안 뇌유래신경영양인자의 양이 회복되지 않았다.

남극 기지에서 대원들은 주로 혼자서 방을 쓰고 일할 때도 혼자인 경우가 많았다고 한다. 사람들과의 교류는 기지 내 소수와만 가능하다. 또 돌아다닐 수 있는 곳이라고는 기지 내 한정된 공간과 얼음으로 뒤덮인 기지 주변 정도였다. 이처럼 자극이 적고 단조로운 생활은 어찌 보면 평화로울 것 같지만 우리의 뇌 입장에서는 스트레스를 유발하는 사회적 고립 상황이기도 하다.

극지 대원들에 대한 여러 연구는 이런 환경이 뇌와 인지 기능의 변화 외에도 다양한 스트레스 증상을 유발할 수 있다는 것을 보여 준다. 제한된 공간에서 제한된 사람들과 지내야 하는 단조로운 생활은 스트레스, 수면 패턴의 변화, 우울증이나 불안 증상을 불러일으키고 함께 지내는 사람들 간의 긴장과 갈등을 증가시키는 것으로 나타났다.[44] 물론 이러한 신체적, 정신적 반응은 외부 자극이 적은 환경에서 오래도록 사회적으로 고립되어 있다는 점 외에도 낮과 밤의 생활 패턴 변화나 추운 환경에 대한 신체 반응, 일터와 일상 공간이 구분되지 않는 환경 등 다양한 원인이 복합적으로 작용한 결과다.

우주 비행사들 역시 극지 탐험가들처럼 우주 공간에서 임무를 수행하는 동안 스트레스 반응을 보였다. 개인의 성격, 함께한 동료들과의 관계, 임무 기간 등에 따라 정도의 차이는 있었다. 하지만 장기간 제한된 공간에서 소수의 사람들과 교류하자 대체로 스트레스 반응이 증가하고 면역력도 떨어졌다.[45]

역사상 최대 격리 연구는 현재 진행형

사실 남극 탐험가나 우주 비행사는 아무나 될 수 있는 게 아니다. 무엇보다 임무 수행에 필요한 경험과 지식이 필수이고 높은 경

·⋮ 코로나19 팬데믹으로 인해 전 세계인은 마치 감옥에 갇힌 것 같은 사회적 고립감을 느꼈다고
해도 과언이 아니다.

쟁을 뚫고 선발되어야 한다. 임무에 들어가기 전에 다양한 훈련도
받고, 언제쯤 임무를 마치게 될지 예상도 가능하다. 이처럼 본인 스
스로 원해서 중요한 임무를 수행한다 해도 장기간의 사회적 고립은
스트레스로 다가와 육체와 정신 건강에 영향을 끼친다.

코로나19 팬데믹 기간 동안 우리가 겪은 사회적 고립은 영화
속 주인공들보다 훨씬 나은 상황이고, 남극 기지나 우주 정거장처
럼 좁은 공간에 갇힌 것도 아니다. 물론 이 사회적 고립은 누구도
원하지 않았지만 강제로 경험한 것이다. 또 아무런 예고도, 준비도
없이 맞이했으며 과연 언제 끝나게 될지도 모른다. 이런 상태로 웬
만한 대원이 남극 기지에서 생활하는 것보다 더 오랜 시간을 보내

고 있다. 그러므로 팬데믹으로 인한 사회적 고립의 정도가 약하다고 해서 아무 영향도 없을 거라 넘기기는 어렵다. 한 연구에서는 전세계 인구 4명 중 1명 이상이 코로나로 인한 사회적 고립과 외로움의 영향을 받을 것이라고 추정했다.[46]

또 일부 연구자들은 코로나19 팬데믹을 '역사상 최대 규모의 격리 연구'라고 부르기도 했다.[47] 이처럼 장기간의 사회적 격리가 우리의 신체와 정신 건강을 변화시키는 것은 현재 진행형이다. 그래서 그 정확한 효과는 팬데믹이 끝나고도 더 오랜 시간이 지나야 확실히 알 수 있을 것이다. 하지만 코로나19 팬데믹과 유사한 상황에 대한 연구, 그리고 현재 진행 중인 연구들을 통해 이 전대미문의 사회적 장기 고립이 우리에게 어떤 변화를 남길지에 대한 힌트를 얻을 수 있을 것이다.

팬데노믹스, 경제 불황이
인지 기능을 저하시킨다

코로나19 팬데믹의 여파는 모두에게 동일하지 않다. 누군가에게는 여행을 가지 못하거나 사적 모임을 피하는 정도의 불편일 수 있겠지만 다른 누군가에게는 생계의 위협일 수 있다. 한 조사 결과에 따르면 코로나19로 인한 피해는 저소득 국가와 가정, 그리고 교육 수준이 낮은 가정에서 더 크게 나타났다.[48]

흔히 주머니가 가벼워지고 지갑이 얇아지면 자신감도 떨어진다는 말이 있다. 하지만 팬데믹으로 인한 경제적 어려움은 자존감의 문제 이상으로 심각한 악영향을 미칠 수 있다. 단순히 월세를 내지 못하거나 생필품을 못 사는 것을 넘어 인지 기능의 저하도 불러

• 보다 현명한 사고와 판단을 하려면 우리 뇌에도, 마음에도, 그리고 지갑에도 여유가 필요하다.

올 수 있기 때문이다. 당장 이달 월세를 낼 수 있을지, 다음 달 대출 이자를 갚을 수 있을지 모를 정도로 재정이 흔들리게 되면 걱정도 쌓이기 마련이다.

게다가 돈 문제를 고민하는 것 역시 뇌의 자원을 소비하는 일이다. 우리 뇌는 한 번에 처리할 수 있는 정보의 양에 한계가 있다. 뇌가 쓸 수 있는 처리 용량이 별로 없다면 우리가 보고 듣고 생각하고 판단하는 인지 기능은 제대로 작동할 수 없다. 경제적 어려움이 지속되면 우리는 중요한 정보에 집중하지 못하고 인지 기능이 저하되는 현상이 나타난다.

빈부 차이와 인지 기능의 관계

미국 뉴저지의 한 쇼핑몰 고객들을 대상으로 소득과 인지 기능을 조사한 연구가 있다.[49] 이 조사에는 레이븐 과제Raven's matrices와 인지 통제 과제가 이용되었다. 레이븐 과제는 여러 도형의 패턴을 보고 마지막 도형의 패턴이 무엇일지 예측하는 것인데 대상자의 추론 능력을 측정할 수 있다. 흔히 지능 검사나 인적성 검사를 할 때 한 번쯤 경험하게 되는 과제이다. 또 인지 통제 과제를 통해서는 불필요한 정보를 얼마나 잘 억제하는지 알 수 있다.

연구자들은 실험 참가자들의 인지 기능을 측정하기 전에 다른 과제를 하나 더 수행하게 했다. 참가자들은 연구자가 제시한 가상의 시나리오에 맞춰 돈을 어떻게 쓸지 정해야 했는데, 이 가상 시나리오에는 큰돈이 필요한 일과 적은 돈이 필요한 일이 섞여 있었다. 예를 들어 '당신의 자동차에 문제가 생겨 수리를 해야 하는데 수리비는 150만 원입니다. 일시불로 결제할지, 단기 대출을 받을지, 위험을 감수하고 그냥 차를 고치지 않을지 결정하세요'와 같은 식이었다.

실험 결과, 큰돈이 필요한 상황을 고민한 후 이어서 인지 기능 과제를 수행했을 때 점수가 낮게 나왔다. 그리고 이러한 효과는 연소득이 낮은 집단에서만 나타났다. 소득이 높은 사람들은 큰돈이 나갈지도 모르는 상황을 맞아도 인지 기능 점수가 변동 없이 유지

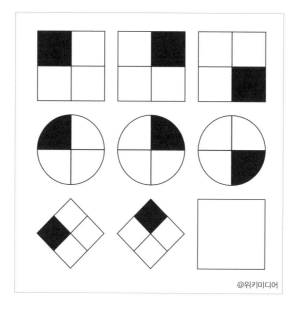

• 레이븐 과제 중 하나. 첫째 줄과 둘째 줄 도형 변화의 패턴을 보고 셋째 줄 마지막에 어떤 모양이 들어가는지 추론하는 문제다.

되었다.

물론 연봉 수준을 물어본 뒤 거액을 지출해야 하는 상황을 고민하도록 유도하는 실험 자체가 작위적이라고 여겨질 수 있다. 그래서 연구자들은 더 자연스러운 상황을 설정해서 경제적 상황에 따라 인지 기능이 어떻게 변하는지 살펴보기로 했다. 이 실험은 인도의 사탕수수 재배 농민들을 대상으로 했다. 인도의 농부들은 1년에 한 번 사탕수수를 수확해 많은 돈을 벌지만 그다음 해 수확 시기 즈음에는 돈이 거의 다 떨어지곤 한다.

그런데 인도의 사탕수수 농사는 모두가 같은 시기에 심고 수확하지 않기 때문에 경제적으로 풍족한 시기와 어려운 시기가 농부마다 다르다. 즉, 돈이 많거나 적은 상황이 계절이나 시기와 관련성이 적다는 의미다. 연구자들은 농부들의 건강이나 스트레스처럼 인지 기능에 영향을 미칠 수 있는 다른 요인들을 통계적으로 통제했다. 현재 경제적 여유의 정도 외에 다른 요인들의 효과를 통계적인 방법으로 제거한 것이다. 그러고 나서 사탕수수 추수 전과 후에 농부들의 인지 기능 과제 수행 점수가 어떻게 변했는지 조사했더니, 실험 결과 사탕수수 수확 직전이 수확 후보다 레이븐 과제 점수가 낮게 나왔고, 인지 통제 과제에서는 더 느리게 반응하거나 더 많은 실수를 범했다. 다시 말하면 추론 능력이 낮아지고 불필요한 정보를 효율적으로 억제하지 못한 것이다.

금전적 여유가 없으면 집중할 여유도 없다

경제적인 어려움은 여러 부작용을 가져온다. 단순히 돈이 없어서 평소보다 잘 먹지 못하고 그래서 인지 기능이 제대로 작동하지 못했을 수도 있다. 하지만 사탕수수 수확 전후의 식비 지출이 크게 변하지 않은 것으로 보아 인도 농부들의 영양 상태가 인지 과제 수행에 영향을 준 것은 아니다. 사탕수수 수확 직전에 스트레스로 인해 심박수가 증가하고 혈압이 상승하긴 했다. 하지만 이러한 신체적 변화를 반영하더라도 인지 기능 저하의 이유를 제대로 설명할 수는 없었다.

좀 더 그럴듯한 설명은 경제적 어려움이 주의 기능을 방해한다는 것이다. 주머니 사정이 나빠지면 주의 집중을 하기 어렵고 딴생각이 불쑥불쑥 떠오른다는 설명이다. 인지 기능 용량은 제한되어 있기 때문에 다른 생각에 주의를 빼앗기면 당장 해야 할 과제를 제대로 못하게 되는 것이다.

앞서 소개했던 쇼핑몰 고객 대상 실험에서는 상대적으로 소득이 낮은 사람들의 인지 과제 수행 정확률이 20% 정도 낮은 것으로 측정되었다. 연구자들은 논문을 쓰면서 이런 실험 결과가 통계적으로 유의한 차이를 보이는지에 주로 신경을 쓴다. 하지만 통계적으로 유의한 차이가 언제나 일상 속에서 눈에 띄는 차이로 이어지는 것은 아니다. 그렇다면 지능 검사 문제에서 20% 정도 더 틀린 것이 일상생활에 영향을 줄 정도일까? 연구자들은 인지 기능 검사 결과에서 약 20% 차이는 45세와 60세의 수행 차이, 보통 사람과 만성 알코올 중독자의 차이와 비슷하다고 추정했다. 실제로 다른 연구에서도 추수 이후 경제적인 여유가 생긴 농부들이 추수 이전의 농부보다 더 많은 이득을 볼 수 있는 투자 결정을 한 것으로 나타났다.[50]

인지 기능이 100% 작동한다고 해서 완벽한 결정을 내릴 수 있는 건 아니다. 그러나 인지 자원 용량이 부족한 상태에서는 무모한 결정을 하거나 실수할 가능성도 높아진다. 경제적인 어려움 때문에 판단 실수를 하고 그로 인해 경제적 어려움이 가중되는 악순환의 위험이 있는 것이다. 더군다나 성장 시기에 이런 어려움을 겪는다면 성인으로 자라서도 인지 용량이 낮은 경향을 보인다.[51]

인간의 인지 용량은 생각보다 크지 않다. 그리고 금전적 난관을 겪는다면 적은 인지 용량이 더 부족해져 버리고 만다. 연구자들은 정부가 정책을 세우고 시행할 때 사람들이 인지적 부담 없이 이해할 수 있도록 만들어야 한다고 권장한다. 사회적 거리 두기 단계를 세세하게 나누는 것, 재난 지원금을 받기 위해 여러 단계의 인증을 거치는 것, 백신 접종 예약을 위해 클릭을 수십 번 해야 하는 것은 누군가에게는 부담스러운 장벽이 될 수 있기 때문이다.

언제 끝날지 모르는 상황이
뇌를 더 피곤하게 만든다

코로나19 대유행 초기에 마스크 대란이 벌어졌다. 사람들은 너 나 할 것 없이 마스크를 사기 위해 온라인 쇼핑몰에 접속해서 새로고 침 버튼을 눌렀고, 웃돈을 주고서라도 마스크를 구하기만 하면 기뻐했다. 공적 마스크 공급이 시작된 후에도 사람들은 한동안 마스크를 쉽게 구할 수 있는 약국을 수소문했고 문을 열기 한참 전부터 줄을 섰다.

돌이켜 생각하면 사실 마스크 부족 사태는 언젠가 해결되는 문제였다. 시간이 지나면 마스크 생산은 늘고 사재기는 줄어들 것이라는 걸 누구나 예측할 수 있다. 모두가 하나같이 마스크를 영영 구

• 코로나19 팬데믹 초기에 사람들은 마스크를 구하지 못해 불안해했고, 마스크 공급이 언제쯤 정상화될지 알 수 없는 상황이 불안을 키웠다.

하지 못할까 봐 걱정하고 불안에 떨었던 것은 아니다. 다만 언제쯤 마스크를 쉽게 구할 수 있게 될지, 그게 다음 주인지 몇 개월 후인지 알 수 없다는 불확실성이 불안감을 키운 것이다. 마스크 공급이 원활해진 지금은 그 누구도 마스크 재고를 찾아 밤새 온라인 쇼핑몰을 헤매거나 동네 약국들을 뒤지고 다니지 않는다.

우리나라에서 1차 유행이 시작된 2020년 초, 나는 대유행의 진원지인 대구에서 일하고 있었다. 처음에는 사태의 심각성을 몰랐지만 확진자 수가 급격하게 늘고 주변에서 밀접 접촉자가 생기기 시작하자 불안이 엄습했다. 다행히 당시 직장에서는 발 빠르게 재택근무를 허용해 줬다. 초반에는 2~3일씩 나중에는 1~2주씩 연장했는데, 문제는 연장 여부를 항상 재택근무 마지막 날 오후 늦게 공지했다는 점이다.

조직을 운영하는 사람들 입장에서는 확진자 증가 추세와 정부의 방역 지침, 업무의 중요도와 직원들의 안전 등 다양한 요인을 고려해야 하기 때문에 재택근무 여부를 결정하기 쉽지 않고 결정하는데에도 시간이 많이 걸렸을 것이다. 하지만 결정을 통보받는 나나 다른 직원 입장에서는 당장 내일의 출근 여부를 전날 저녁까지도 알 수 없다는 점이 제법 스트레스로 작용했다. 어느 정도 시간이 흐르자 직장에서는 개인의 상황에 따라 유연하게 재택근무를 신청할수 있도록 허가해 주었다.

예측 불가능 상황이 스트레스를 부른다

마스크 공급이나 내가 겪은 재택근무 여부의 불확실성은 비교적 빠르게 해소되었지만 코로나19 팬데믹의 불확실성은 아직 현재 진행형이다. 코로나19 확진자 증가가 어느 정도 잡히는 듯했지만 예상치 못한 곳에서 집단 감염이 발생하는 경우가 수차례 반복되었다. 백신 개발과 접종으로 팬데믹의 끝이 보이는가 싶었지만 이 글을 쓰는 시점에도 오미크론, 델타크론 변이와 확산으로 인해 언제 일상을 회복하게 될지 여전히 불투명한 상태다.

적당한 수준의 불확실성은 나쁘지 않고, 오히려 좋을 수도 있다. 어떤 영화가 결말이 빤히 보이는 식상한 전개 끝에 예상대로 끝난다면 관객들은 실망감을 안고 극장 문을 나설 것이다. 하지만 예상을 뒤엎는 반전이 기다리고 있었다면 희열을 느낄 것이다. 또한 사람들은 다음에 어떤 코드가 나올지 예상되는 음악보다 예측대로 진행되다가도 가끔 예상을 빗나가는 코드가 배치된 음악을 더 선호한다.[52] 하지만 불확실성이 지속되면 우리는 더 이상 예측이 실패하는 것을 즐길 수만은 없게 된다.

연구자들은 우리 뇌에 '예측 기계Prediction Machine'라는 별명을 붙였다. 인간의 뇌는 수많은 정보 속에서 규칙성을 찾고 예측하며, 예측과 어긋나는 결과가 나오면 그에 따라 예측을 수정하기를 반복한다. 코로나19 팬데믹과 사회적 거리 두기가 언제쯤 끝날지에 대한 우리의 예상은 계속 빗나갔다. 예측하기 좋아하는 우리 뇌가 예측할 수 없는 불확실한 상황에서 벗어나지 못하면 어떻게 될까? 예측할 수 없는 상황이 지속되면 우리 뇌는 평소보다 더 긴장한 상태에서 스트레스를 받는다.[53]

큰 스트레스가 건강에 악영향을 미친다는 것은 상식에 가깝다. 그렇다면 스트레스는 우리 뇌에 구체적으로 어떤 영향을 미치는 걸까? 스트레스를 받으면 뇌의 시상하부Hypothalamus는 부신피질Adrenal Cortex로 신호를 보내 코르티솔 호르몬을 분비한다. 뇌의 여러 영역에 영향을 미치는 코르티솔은 일반적으로 우리 몸이 스트레스에 잘 대응할 수 있도록 혈당을 높여 주고 에너지를 잘 쓰도록 도와주는 역할을 한다. 하지만 스트레스가 지속되어 코르티솔 같은 스트레스 호르몬이 계속 나온다면 오히려 피로나 우울감을 유발할 수 있다. 코르티솔 수준이 높게 유지되면 뇌의 신경 세포가 손상될 수 있고, 우울 장애나 불안 장애로 이어질 수 있다.[54, 55]

걱정할수록 더 걱정되니까 걱정하지 말자

한 실험에서 쥐에게 전기 충격을 가해 스트레스를 주었다. 그런데 전기 충격이 가해지기 전에 먼저 소리를 들려줘서 예측할 수 있게 해 주었더니, 똑같은 전기 충격을 받아도 스트레스 반응이 덜 일어났다.[56]

이는 사람도 마찬가지다. 전기 충격을 예상할 수 있었을 때와 없었을 때 통증 및 스트레스 반응이 다르게 나타난 것이다. 예상 못했을 때 충격을 받으면 예상했을 때보다 통증에 반응하는 뇌 영역이 더 강하게 활성화된다.[57, 58] 물리적으로 동일한 강도의 충격을 받더라도 불확실성이 높은 상황일 때 더 고통스럽다는 의미다. 또 전기 충격을 받을 확률이 50%인 불확실한 상황보다 차라리 100% 무조건 받게 될 상황일 때 스트레스 반응이 더 낮았다.[59]

때로 불행을 직접 겪는 것보다 불행한 일이 생길지도 모른다는 불안이 더 나쁜 영향을 끼친다. 직장에서 해고되면 경제적으로 불안정해지는 것은 당연하고 스트레스로 인해 건강도 나빠질 것이다. 하지만 한 연구 결과, 실제로 일자리를 잃는 것보다 언제 잘릴지 모른다는 불확실한 상황이 지속되는 게 건강에 더 큰 악영향을 주는 것으로 나타났다.[60] 회사 분위기가 좋지 않아 동료들이 하나둘 해고를 당해 사라지는 상황에서 버티는 게 내가 해고를 당한 것만큼, 때로 그 이상으로 더 괴롭고 스트레스를 받는 일인 것이다.

어떤 이들은 코로나19 팬데믹의 불확실성에 대응하기 위해 코로나 관련 뉴스와 자료를 더 많이 찾아보고 앞날을 걱정한다. 하지만 어디선가 갑자기 새로운 변이 바이러스가 출현하거나 집단 감염이 발생하면 그동안의 걱정과 예측은 무색해진다. 이런 불확실성의 원인인 팬데믹이 종식되면 그로 인한 스트레스와 불안은 해소될 것이다. 언제인지 알 수 없는 팬데믹의 종식을 기다리는 동안에는 되도록 코로나19와 관련 없는 일에 집중하거나 시간을 더 쓰면 스트레스를 줄이는 데 도움이 될 것이다.

팬데믹 시대의 우리 뇌를 위한
최고의 보약은?

어딜 가나 항상 마스크를 쓰고 손 소독제를 챙기고 식당이나 극장처럼 다중 이용 시설에서 방명록을 작성하거나 QR코드를 찍는 경험은 모두에게 새로웠다. 하지만 팬데믹이 장기화되면서 사람들은 변화한 일상에 적응했고, 전체적인 생활 패턴은 팬데믹 이전에 비해 비교적 단순해졌다. 새로운 사람을 만나는 경험도 줄어들고 친분이 있는 사람들도 전처럼 자주 만나지 못하게 되었다. 새로운 장소로의 여행도 어려워지긴 마찬가지였다.

그렇지만 우리 뇌는 새로운 경험을 원한다. 눈앞에 있던 것이 사라지는 경우보다 뭔가 새로 나타나는 경우에 더 주의를 기울이

고,[61] 익숙한 정보가 반복되는 것보다 새로운 정보에 더 흥미를 느끼고 즐거워한다.[62]

조금 더 자세히 살펴보자. 우리는 단순한 정보가 반복되면 지루해하지만 중간에 새로운 정보가 나타나면 흥미와 즐거움을 느낀다. 그 정보가 제대로 파악하기 어려울 정도로 불확실하고 복잡하더라도 반복되면 괜찮다. 익숙해지는 과정은 곧 불확실성이 해소되는 과정이자 새로운 정보를 얻는 과정이기 때문이다.[63] 물론 복잡한 정보가 익숙해진 후에도 계속 반복된다면 다시 흥미가 떨어질 것이다. 우리 뇌는 적당한 정도의 새로운 정보를 좋아하는 것이다.

이전 장에서 우리 뇌는 반복과 예측을 좋아한다고 했다. 그런데 이제는 새로운 경험도 좋아한단다. 얼핏 보면 앞뒤가 맞지 않는 이야기 같지만, 엄밀히 말하면 예측이 불가능한 불확실성과 새로운 경험은 같은 것이 아니다. 민트초코 맛 아이스크림처럼 새로운 맛에 도전하는 것은 우리 뇌에 자극이 된다. 그러나 아이스크림 가게 직원이 매번 내가 주문한 맛이 아니라 아무 맛이나 자기 마음대로 퍼 준다면 예측할 수 없는 불확실함을 경험하게 되는 것이다.

신선한 경험이 뇌에 활기를 불어넣는다

다양한 자극을 받을 수 있는 환경이 뇌 발달에 도움이 된다는 것은 오래전부터 알려진 사실이다.[64] 넓은 공간에서 다른 쥐들과 함께 지내며 미로 안을 돌아다니거나 새로운 장난감을 가지고 노는 등 자극이 풍부한 환경 속의 쥐와 별다른 장난감 없이 좁은 공간에서 혼자 지낸 쥐를 비교한 결과, 물리적 환경과 사회적 환경이 모두 갖춰진 곳에서 자란 쥐들의 신경 세포가 더 발달했고 뇌의 크기도 더 컸다.

인간의 뇌 역시 다양한 경험을 할 때 변화한다. 미국 뉴욕과 마이애미에 거주하는 사람들에게 GPS 장치를 부착하고 3~4개월 동안 이들의 이동 패턴을 조사한 연구가 있었다.[65] 사람들이 매일 지나다니는 일상에서 얼마나 다양한 경험을 하는지 추정하려는 것이었는데, 이때 어느 정도 이동했고 얼마나 다양한 장소를 방문했는지, 각 장소에서 얼마만큼 시간을 보냈는지 등 여러 정보를 반영했다. 단순히 출퇴근 거리가 길다고 해서 다양한 경험을 한 것으로 보지 않았다는 의미다. 대신 하루에 하루 동안 이동 거리도 길고 방문 장소도 여러 곳이며 각 장소에서 일정 시간 이상을 보냈다면, 그리고 매일 같은 장소를 방문하기보다 새로운 장소를 찾는 경우가 많을 때 경험의 다양성이 높은 것으로 나오게 된다.

그 결과 더 많은 경험을 하고 상대적으로 역동적인 하루를 보낸 사람일수록 긍정적인 기분을 더 많이 느꼈다. 물론 더 많은 활동과 경험을 하는 사람들은 그렇지 않은 사람들에 비해 다른 특성들을 지녔을 수 있다. 직업 특성상 다양한 활동이 필수였을 수도 있고, 어쩌면 실험 기간 동안 유난히 외근이 잦았을 수도 있다. 하지만 이

:• 뉴욕(위)과 마이애미(아래)에서 GPS를 이용해 추적한 사람들의 이동 경로. 오른쪽이 왼쪽
보다 더 다양한 경험을 하는 사람의 이동 경로 모습이다. (자료 출처: Heller, A. S., Shi, T. C.,
Ezie, C. C., Reneau, T. R., Baez, L. M., Gibbons, C. J., & Hartley, C. A. (2020). Association
between real−world experiential diversity and positive affect relates to hippocampal −
striatal functional connectivity. *Nature Neuroscience, 23*(7), 800−804.)

연구에서는 다른 요인들을 통제하더라도 다양한 경험이 사람들의
긍정적인 감정과 유의미한 상관관계를 보이는 것으로 나타났다.

우리 뇌는 새로운 정보를 접하면 반복되는 정보를 접할 때와 다른 반응이 나타난다. 비슷한 풍경이나 사람의 사진을 보다가 때로 처음 보는 사진을 접하게 되면 도파민과 관련된 뇌 영역이 활성화된다.[66] 도파민은 보상, 동기Motivation와 관련된 호르몬이다.[67] 반면에 뇌의 특이 반응을 일으킬 만한 다른 정보들, 예컨대 각성을 일으키거나 주의를 끌 만한 정서적 자극은 도파민 영역을 크게 활성화시키지 않았다. 오직 새로운 정보만이 도파민 영역을 자극하는 것이다.

새로운 정보를 접하면 기억력도 향상된다. 새로운 경험 때문에 도파민이 분비되면 기억과 관련된 영역인 해마에 영향을 주고, 그 결과 새로운 사건 직후에 발생하는 다른 일도 훨씬 더 잘 기억하게 된다.[68]

새로운 정보와 신선한 경험은 보상과 같다

평소 다양한 경험을 하는 사람들의 뇌는 보상을 처리하는 영역, 공간과 새로운 정보를 감지하는 영역 간의 연결성이 더 강화된다. 이러한 뇌의 연결성 변화는 사람들로 하여금 새로운 장소에서 새로운 경험을 하는 걸 더 즐기도록 만들 수 있다.[69] 또 긍정적인 정서를 느낀 사람일수록 다음 날 새로운 장소에 더 많이 찾아가는 경향을 보였다. 다양한 경험이 좋은 기분을 만들고, 그 좋은 기분이 또 다른 경험을 하게 만드는 선순환이 일어나는 것이다. 새로운 정보는 마치 보상처럼 작동한다. 그래서 뇌는 우리로 하여금 보상을 받을 수 있는 행동, 즉 새로운 정보를 찾는 행동을 하도록 동기를 부여한다. 그리고 우리가 새로운 경험을 하면 뇌에 다시금 즐거움을 제공하게 된다.

우리가 스마트폰을 계속 확인하거나 더 나아가 중독되는 이유 중 하나는 SNS에 새로운 사진과 글이 업데이트되고 새 메시지가 도착했다며 끊임없이 새로운 정보를 주기 때문이다. 또 게임 중에 새로운 캐릭터나 레벨이 추가되면 더욱 게임에 몰입하고 시간을 쏟게 된다.

새로운 경험을 찾는 경향이 높은 사람일수록 코로나19 팬데믹으로 인한 봉쇄, 격리 상황에서도 스트레스나 불안, 우울 증상이 훨씬 적게 나타났다.[70] 반대로 말하면 새로운 경험을 잘 하지 않는 사람일수록 정신적 스트레스를 더 받을 수 있다는 의미다. 재택근무의 연속이나 집과 직장만 오가며 다른 일정과 만남이 없는 단조로운 일상은 자극이 부족한 환경이 될 수 있다. 단조로운 생활이 이어지면 사람이나 쥐나 뇌 발달에 좋을 게 없다.

그런 의미에서 여행은 새로운 정보의 종합 선물 세트 같은 경험이다. 새로운 장소에서 새로운 사람을 만나고 평소 먹지 않던 음식을 즐기고 다른 문화권의 다른 생활방식을 체험하는 등 여행지에서의 하루하루는 우리 뇌를 자극하는 새로운 경험으로 가득하다. 백신 접종과 위드 코로나With Corona 시대를 맞아 여행을 가는 사람이 조금씩 늘고 있지만, 예전처럼 자유롭게 여행을 다니려면 아직 시간이 더 필요한 것 같다.

여행처럼 강렬한 경험이 아니더라도 사회적 거리 두기를 잘 지키면서 뇌를 자극할 만한 새로운 경험은 얼마든지 있다. 여행 계획을 세우면서 다른 나라의 언어를 배운다거나, 새로운 게임을 시작해 보는 것도 나쁘지 않다. 항상 즐겨 듣던 음악 장르에서 벗어나 새로운 장르를 시도한다거나 생소한 취미 활동을 찾는 것도 좋다. 악기 연주와 그림 그리기처럼 적극적으로 무언가를 만드는 창작 활동은 물론이고 공연장이나 미술관을 찾는 것처럼 비교적 수동적인 문화생활도 뇌 기능을 유지하는 데 도움이 되는 것으로 알려졌다.[71]

직장이나 학교에 다니는 것처럼 평범한 일상 속에서도 가끔 새로운 사람을 만나고 경험하는 것은 적절한 자극이 된다. 종종 새로운 동선으로 출퇴근하면서 처음 보는 동네나 골목을 지나친다든지, 지하철 대신 버스를 이용한다든지, 매일 이용하는 구내식당이 아니라 다른 식당을 찾거나 매일 즐기는 커피가 아닌 차를 마셔 보는 등 일상에 조금씩 변화를 주면 좋을 것이다.

사회적 거리 두기 속에서
스킨십이 더 필요한 이유

코로나바이러스의 주요 감염 경로 중 하나는 바로 신체 접촉이다. 그래서 사람들 사이에 물리적 거리를 두고 되도록 신체 접촉을 피하는 것이 권장되었다. 그러다 보니 마스크를 쓴 채 입을 맞추거나 위생 장갑을 낀 채 손을 맞잡고 심지어는 비대면 데이트를 즐기는 등 코로나 시대의 새로운 사랑법이 유행하기도 했다. 그리고 우리는 그제야 연인뿐 아니라 평범한 일상에서도 신체 접촉이 얼마나 자연스럽고 빈번하게 일어났는지 알게 되었다. 이전까지 우리는 사람을 만나면 악수를 했고, 대화를 나누다가 웃음이 터지면 상대방의 팔을 살짝 치기도 했고, 상대방의 어깨를 두드리며 격려했는가

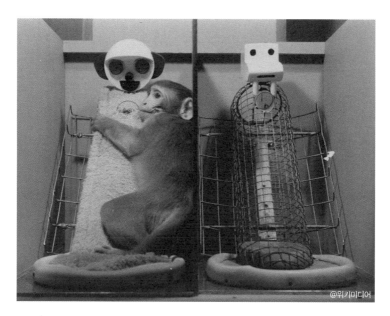

●ᵇᵉ 천으로 만든 엄마 모형과 철사로 만든 엄마 모형 중 아기 원숭이는 천으로 만든 모형에게 안겼다.

하면, 친밀한 사이는 기꺼이 안아 주었다. 그런데 이런 신체적 접촉이 줄어들면 사람의 뇌와 마음에 어떤 영향이 미칠까?

이제는 고전이 되어서 거의 모든 심리학 교과서에 실리는 아기 원숭이의 애착 실험을 살펴보자.[72, 73] 이 실험에서 갓 태어난 아기 원숭이들은 엄마 원숭이가 아니라 연구자들이 만든 2종류의 가짜 엄마 원숭이 모형과 지내야 했다. 연구자들은 부드러운 천으로 만든 모형과 딱딱한 나무와 뾰족한 철사로 만든 모형을 준비하고 아기 원숭이들이 어떤 엄마 모형을 더 좋아하는지 관찰했다. 예상할 수 있듯 아기 원숭이들은 부드러운 천으로 만든 모형에 안겨 시간을 보냈다.

또한 철사 모형에만 우유병을 부착했더니 그제야 아기 원숭이들은 철사 엄마 모형에게 다가가 먹이를 먹었다. 하지만 배를 채운 아기 원숭이들은 이내 천으로 만든 부드러운 엄마 모형에게 되돌아왔다. 식욕을 채워 준 엄마 모형이 아니라 부드럽고 따뜻한 촉감을 주는 엄마 모형에 애착이 형성된 것이다.

스트레스와 고통을 감소시키는 터치

스킨십이 아기의 애착 형성에만 중요한 게 아니다. 신체적 접촉은 성인에게도 긍정적인 효과를 가져다준다. 한 실험에서 기혼 여성들에게 전기 충격을 주었고 이때 뇌의 반응을 MRI 장비를 사용해 관찰했다.[74] 전기 충격을 받으면 뇌에서 위협과 고통에 반응하는 영역, 부정적 정서에 반응하는 영역, 그리고 정서를 조절하는 영역 등이 활성화된다. 그런데 남편이 손을 잡아 주자 실험 참가자들의 뇌에서 이런 영역들의 반응이 감소하는 것을 확인할 수 있었다.

남편이 '남의 편'처럼 느껴지는 사람이라면 이 연구 결과에 의문을 품을 수도 있겠다. 이런 사람들의 예상처럼, 결혼 만족도가 낮은 여성 참가자일수록 남편이 손을 잡아 주었을 때 부정적 정서, 위협, 고통에 대해 반응하는 뇌 영역의 변화도 적었다. 물론 단순히 결혼 만족도가 높은 여성이 행복한 삶을 살기 때문에 고통에도 잘 대응하는 것이라고 여길 수 있다. 하지만 낯선 사람이 실험 참가자의 손을 잡아 줬을 때 결혼 만족도가 높든 낮든 뇌 영역의 반응은 크게 차이가 나지 않았다. 즉, 스트레스를 감소시키는 데 모든 신체적 접촉이 유효한 게 아니라 친밀하고 애착이 형성된 사람과의 스킨십만 효과가 있다는 의미이다.

스킨십은 어떻게 스트레스와 고통 같은 부정적인 정서를 감소시킬까? 우리 몸 곳곳에서 느끼는 촉감 정보는 뇌의 체감각Somato-sensory 영역으로 들어간다. 체감각 영역은 그 이름에서 알 수 있듯이 신체 여러 부위가 느끼는 감각을 처리하는 영역이다. 그런데 촉감 정보를 처리하는 신경 세포 중에는 뇌의 체감각 영역이 아니라 정서, 사회적 관계 인식, 보상 등을 처리하는 뇌 영역으로 신호를 보내는 것들도 있다.[75]

이러한 신경 세포들은 천천히 부드럽게 만져질 때, 그리고 체온과 비슷한 정도의 따뜻한 온도에서 가장 민감하게 반응한다. 즉, 부드럽고 따뜻한 손길에 반응하는 것이다.[76] 기분 좋은 스킨십은 정서, 보상, 사회적 관계를 처리하는 뇌 영역을 활성화시키고 통증 조절, 스트레스 감소 등 다양한 긍정적 효과를 가져온다.[77, 78]

구체적으로 손을 잡거나 포옹하는 등 간단한 스킨십은 혈압과

심박수를 낮춰 주고 스트레스를 감소시킨다. 신체적 접촉이 스트레스를 줄이고 사회적 상호 작용을 촉진하는 호르몬인 옥시토신을 분비하게 만들기 때문이다. 동시에 스트레스 반응과 관계된 호르몬인 코르티솔의 분비도 줄어든다. 연구자들은 부드러운 스킨십으로 인한 뇌의 긍정적인 반응이 부모 자식이나 연인처럼 가까운 사람들 사이에 신체적 접촉과 사회적 상호 작용을 증가시키고 애착이 형성되는 데 도움을 준다고 본다.[79]

타인이든 스스로든 동물이든 안아 주면 좋다

껴안아 줄 사람 없이 혼자 산다면 반려동물을 껴안거나 만지는 것도 도움이 된다. 내가 대학원에 진학해 박사 과정을 다니던 때, 하버드대학교 사이언스 센터 앞은 항상 사람들로 붐볐다. 기숙사 밀집 구역에서 학과 건물이 모여 있는 캠퍼스 북쪽으로 가려면 이 길을 지나야 하는 데다가 푸드 트럭도 여러 대 모여 있었기 때문이다. 나 역시 연구실에 가려면 매일 이 길을 지나야 했는데 종종 사이언스 센터 앞 광장에서 아기 염소나 토끼를 볼 수 있었다. 나를 비롯해 지나던 사람들은 아기 동물들을 어루만지거나 껴안고 사진을 찍곤 했다. 물론 이 동물들을 학교 내 공터에 방목하는 건 아니었다. 동물들과의 스킨십이 학생들의 스트레스 감소에 도움이 되기 때문에 학교 내 건강 센터에서 주기적으로 동물들을 데려다 놓는

•⁚ 누구보다 나를 사랑해야 할 사람은 바로 나다. 그런 맥락에서 나 자신을 껴안아 주는 셀프 포옹은 실제로 효과가 있다.

것이었다.

몇 년 전 온라인상에 유행했던 "나만 없어, 고양이"라는 말처럼 혼자 사는데 반려동물도 없다면 어떻게 해야 할까? 자기 스스로 껴안는 것도 나름의 신체적 접촉이다. 일견 처량해 보일 수 있겠지만 이런 '셀프 포옹'도 꽤 괜찮다는 연구 결과가 있다. 나 자신을 껴안아 주는 행동은 다른 사람이 안아 주는 것과 비슷한 정도로 코르티솔 양을 감소시키고 스트레스 반응을 낮춰 준 것이다.[80]

다만 이 실험은 참가자가 자신을 스스로 안아 주는 경우와 모르는 사람이 안아 주는 경우를 비교했다. 그러므로 친구, 가족, 연인

처럼 사랑하는 사람이 포옹해 주었다면 셀프 포옹보다 더 효과적으로 스트레스를 감소시켰을 수 있다.[81]

정리하면, 신체적 접촉은 스트레스를 낮추고 기분을 좋게 만들어 주는 등 여러 긍정적 효과를 낼 수 있다. 그렇지만 신체적 접촉이 만병통치약은 아니다. 앞서 소개한 기혼 여성과 전기 충격 실험처럼 사이가 좋지 않은 사람과의 스킨십은 큰 효과를 보이지 않는다. 내가 좋아하는 사람과의 부드럽고 따뜻한 스킨십은 기분 좋은 일이지만, 출근길 만원 지하철 안에서 낯선 사람과의 신체적 접촉이 그다지 유쾌하지 않은 것처럼 말이다. 게다가 빠르고 거친 손길은 정서나 사회적 정보를 처리하는 뇌 영역을 활성화시키지 못하므로 긍정적 정서와 스트레스 감소를 유발하지 못한다.

타인과의 신체적 접촉이 줄어든 채 오랫동안 지내면 마치 허기질 때 음식을 원하는 것처럼 사람과의 접촉을 더 갈망하게 된다.[82] 코로나19 감염을 피하려면 되도록 신체적 접촉을 피해야겠지만 그럼에도 불구하고 기회가 될 때마다 가족, 연인, 친구, 반려동물, 혹은 자기 자신을 어루만져 주자. 그러면 기나긴 팬데믹 기간을 이겨 내는 데 도움이 될 것이다.

팬데믹 기간에 태어난 아기들은 인지 기능이 떨어질까?

코로나19 팬데믹 전후에 태어난 아기들을 흔히 '코로나 베이비'라고 부른다. 코로나 베이비의 부모들, 그리고 팬데믹 시기에 임신과 출산을 계획하고 있는 예비 부모들은 우리 아기가 코로나19에 감염될까 봐, 건강이 나빠지거나 후유증이 오래갈까 봐, 방역과 폐쇄적인 생활 때문에 발달에 필요한 경험이 부족해질까 봐 걱정되고 고민이 많다.

언젠가 출산을 앞둔 지인이 수심 어린 표정으로 이렇게 물어 온 적이 있었다.

"아기가 코로나에 걸리면 머리가 나빠진다는데 정말이에요?"

자식 사랑과 걱정에 소홀한 부모가 어디 있겠는가? 이런 우려를 결코 괜한 것이라고 할 수 없다. 더구나 무엇 하나 명확하지 않은 팬데믹 시대에는 더욱 그럴 것이다. 그래서 나는 지인의 걱정을 덜어 주기 위해서라도 이 질문에 대한 답이나 힌트를 찾아보기로 했다.

엄마와 태아가 한 몸처럼 팬데믹을 겪다

그동안 영유아들은 코로나바이러스의 위협으로부터 상대적으로 안전한 편이라고 알려졌다. 하지만 바이러스에 감염되지 않더라도, 팬데믹 시기를 살아가고 있다는 것 자체만으로도 아기들의 발달 과정에 영향을 받을 수 있다.

미국에서 진행된 한 연구는 코로나19 팬데믹 기간에 태어난 아기들의 인지 기능 검사 점수가 유난히 떨어진다고 보고하기도 했다.[83] 말도 못 하고 몸도 제대로 가누지 못하는 아기들의 인지 기능 검사는 학령기 아동이나 성인의 검사와는 다르다. 1세 미만 아기들의 경우 몸이나 머리를 얼마나 잘 움직이는지, 웃음을 짓거나 소리 내기를 잘 하는지 등 기본적인 정보 처리와 운동 기능을 살펴봄으로써 인지 발달을 검사한다.[84]

이 연구 결과에 따르면, 2011부터 2019년까지 태어난 아기들의 인지 기능 검사 점수는 대략 98~107점 사이였고 표준 편차는

15~19점이었다. 검사 점수가 평균 100점, 표준 편차는 15점으로 표준화되었기 때문에 2020년 이전에 태어난 아기들은 예상 범위 내의 검사 점수를 받았다.[85]

그런데 2020년과 2021년에 태어난 아기들은 같은 검사에서 더 낮은 점수를 받았다. 2020년 출생아는 평균 86점, 2021년 출생아는 78.9점을 받은 것이다. 게다가 남아의 점수가 여아보다 더 큰 폭으로 떨어지는 경향을 보였다.

코로나바이러스 감염은 뇌 기능을 저하시킬 수 있다. 하지만 조사 대상 아기들 중 코로나19에 걸린 사례는 없었고, 아기의 부모들 역시 코로나바이러스에 감염되지 않은 상태였다. 코로나19에 걸리지 않았는데도 팬데믹 시기에 태어난 아기들의 인지 기능 검사 점수가 대체로 낮게 나온 것이다. 과연 원인은 무엇일까? 흥미로운 사실은 2020년 직전에 태어난 아기들의 검사 점수는 크게 떨어지지 않았다는 점이다. 이 아기들은 얼마 안 되는 생애의 대부분 동안 코로나19 팬데믹을 경험했는데도 말이다. 2020년 이후 태어난 아기들만 인지 기능 검사 점수가 낮은 것을 보면, 팬데믹 기간에 아직 엄마 배 속에 있었거나 태어난 직후였던 것이 원인일 가능성이 높다.

아기의 뇌는 태어나기 전, 이미 태아 때부터 엄청난 속도로 발달한다. 임신 7개월 때 아기의 뇌는 성인의 뇌보다 훨씬 유연하게 변할 수 있다. 아기의 뇌가 변할 수 있다는 건 다양한 정보를 학습

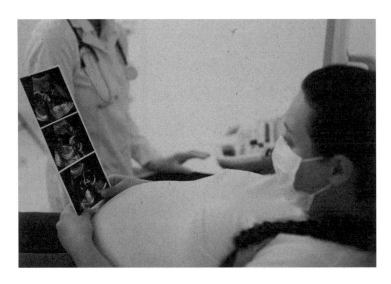

•᠄ 아기는 엄마의 배 속에 있을 때부터 엄마의 신체적, 정신적 건강의 영향을 크게 받는다. 그리고 이러한 자극은 아기의 뇌 발달에 영향을 미친다.

하고 인지·운동 기능을 발달시킬 수 있다는 의미이지만, 반대로 나쁜 환경에서는 그 영향을 더 많이 받을 수 있다는 뜻이기도 하다.

임신부의 신체와 정신 건강 상태가 태아의 뇌 발달에 영향을 미친다는 것은 오래전부터 잘 알려진 사실이다. 성인에게는 특별한 문제가 되지 않는 자극도 아기의 뇌에는 큰 영향을 미칠 수 있다. 예를 들어 엄마의 체온이 2도 내외 상승하면 배 속 태아의 신경 세포 발달은 방해를 받을 수 있다.[86] 임신 중 음주가 좋지 않은 건 상식으로 받아들여지는데 알코올은 태아의 뇌 발달에 영향을 미치고, 이렇게 변한 뇌 구조는 청소년기를 넘어 성인기까지 남는 것으로 나타났다.[87] 코로나19 팬데믹 기간 동안 임신부가 큰 병을 앓거나 과음을 하거나 그 외 특별한 사건 사고를 겪지 않았더라도 어떤 자극을 받았다면, 그 자극이 성인이라면 충분히 견뎌 낼 만한 정도라 하더라도 태아에게는 영향을 미칠 수 있다.

아기의 뇌 발달을 저해하는 것들

무엇이 아기의 뇌에 좋지 않은 영향을 줄까? 가장 먼저 예상할 수 있는 것이 바로 임신부의 스트레스와 불안이다. 사람들은 팬데믹 상황에서 혹시 감염될까 봐, 혹은 직장을 잃을지 몰라 불안과 두려움을 느낀다. 그리고 팬데믹이 언제 끝날지 모른다는 상황 자체도 지속적으로 스트레스를 준다. 이러한 스트레스를 엄마는 충분히 견뎠을지 몰라도 태아의 뇌 발달은 영향을 받았을 가능성이 있다.

스트레스는 '만병의 근원'이라는 별명이 있을 정도로 신체와 정신 건강에 악영향을 끼친다. 실제로 팬데믹 기간 동안 임신부가 더 많은 불안과 스트레스를 느낄수록 아기의 기질에도 부정적 영향을 미치는 것으로 나타났다.[88]

8000명 이상의 임신부를 대상으로 한 또 다른 연구에서는 코로나19 팬데믹 동안 우울증이나 불안 증세를 많이 보인 산모의 아기들의 뇌 구조와 영역 간 연결성이 달라진 것을 발견했다.[89] 물론 이 연구는 팬데믹 기간에 태어나 생후 3개월 된 아기들을 대상으로 한 것이기 때문에, 이러한 뇌 구조와 연결성의 변화가 훗날 아기들의 인지와 정서를 어떻게 바꿔 놓을지는 아직 확실하지 않다. 다만 다른 연구 결과들을 참고하면, 아기들의 이러한 뇌 변화는 시간이 흐르면 정서 조절, 우울, 불안 장애 등의 문제를 일으킬 가능성이 있다.

양육자의 불안과 스트레스는 출생 후 아기의 발달에도 영향을 미친다. 불안과 스트레스에 시달리는 부모는 아기에게 신경을 못 쓰게 되고 결국 아기는 발달에 필요한 다양한 자극을 덜 받게 되기 때문이다. 팬데믹 시기에는 재택근무의 영향도 무시할 수 없다. 부모가 재택근무를 하면 아기와 함께하는 시간이 더 많아지므로 아기에게도 더 좋을 것 같다. 하지만 이런 예상 때문에 아기를 평소처럼 어린이집에 보내지 않으면 따로 아기를 돌봐 줄 사람이 없으므로 업무와 육아를 병행하는 힘든 상황에 처하기 쉽다. 그러면 결국 풍부한 시각, 청각, 촉각 자극을 아기에게 선사하기 어려워진다.

그러면 아기에게 꼭 필요한 경험을 주려면 어떻게 해야 할까? '국민 육아템'으로 불리는 장난감들이 유행할 때마다 모두 사 주고 해외여행도 더 자주 다녀야 할까? 아기에게 반드시 필요한 경험은 그런 게 아니다. 보호자와 눈을 맞추고 목소리를 들으며 손길을 느끼는 것, 배고프면 밥을 먹고 쉬를 했으면 기저귀를 갈아 주는 것처럼 여러 욕구가 적절하게 충족되는 것이 아기에게 더 중요하다. 생애 초기에 이런 기본적인 경험, 즉 보호자와의 상호 작용이나 충분

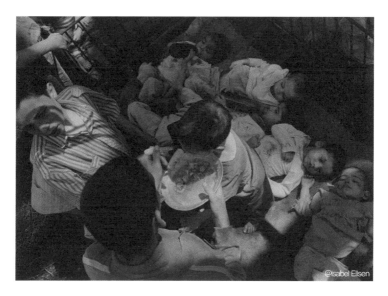

•[•] 1989년 루마니아의 한 국립 보육 시설의 모습. 이곳의 아기들은 필요한 만큼 애정을 받지 못한 채 지냈고 이는 인지 발달에 영향을 끼쳤다.

한 자극을 받지 못하면 정상적인 발달을 하기 힘들다.

하지만 어릴 때 제대로 보살핌을 받지 못하면 어떻게 되는지 알아보기 위해 아기들을 대상으로 실험할 수는 없다. 대신 루마니아의 보육원에서 벌어진 안타까운 사건을 통해 이를 확인할 수 있다. 독재자 니콜라에 차우셰스쿠Nicolae Ceauşescu는 1974년부터 1989년까지 루마니아 대통령을 지냈다. 그가 집권하는 동안 인구 정책의 실패로 수많은 아기가 버려졌다. 버려진 아기들은 국가가 운영하는 보육원으로 보내졌는데 기관들에는 아기들을 돌볼 인력이 부족했다. 결국 아기들은 하루의 대부분을 침대에 방치된 채 보내야 했다. 차우세스쿠 정권이 몰락한 후 이러한 보육원의 실태가 드러났고 아기들은 다른 나라로 입양되었다.

이 아기들의 영양 상태는 나쁘지 않았다. 하지만 제때 배불리 먹는다고 아기들이 정상적으로 자라는 것은 아니다. 연구자들이 입양된 아기들을 조사했더니, 생애 초기에 보육원 침대에서 방치된 채 지낸 경험이 아기의 뇌와 인지 발달을 크게 방해한 것으로 나타났다. 특히 이 아기들의 머리둘레는 평균보다 작았는데, 머리 크기가 작다는 것은 그 안에 있는 뇌의 크기도 작다는 의미가 된다.[90]

또한 보육원의 아기들은 뇌 영역 간 연결성도 낮았는데, 여러 뇌 영역들 사이에 정보가 원활하게 오가지 못하는 것이다. 이 아기들은 지능 지수가 낮고 언어와 신체 발달이 느렸으며 정서 조절을 잘 하지 못하는 등 거의 모든 면에서 정상적인 발달을 하지 못했다.[91, 92, 93] 이 아기들이 성인이 될 때까지 주의력결핍 과잉행동장애 ADHD를 보일 확률은 약 4~7배 높았다.[94]

작은 관심과 사랑이 아기의 뇌 발달을 돕는다

그럼에도 불구하고 희망적인 결과도 있다. 루마니아 보육원의 아기들이 안정된 가정으로 입양된 후에는 뇌의 구조가 어느 정도 회복된 것이다.[95, 96] 또 보육원에 얼마나 방치되었는가만큼 어느 시기를 보육원에서 보냈는가도 매우 중요했다. 보육원에서 생애 초기를 보낸 아기들은 큰 영향을 받았지만, 정상적으로 발달해 생애 초반을 잘 넘긴 후 보육원에 들어온 아기들은 열악한 환경에서도 더 잘 견딜 수 있었던 것이다.

코로나19 팬데믹 기간에 태어난 아기들이 이 루마니아 보육원의 아기들처럼 극단적인 환경에서 방치되었던 것은 아니다. 24시간 내내 아기 옆에서 교감을 나누어야 한다는 것도 아니다. 살다 보면 가끔 아기에게 신경을 덜 쓰게 될 때도 있기 마련이다. 어쩌다 한 번씩 부모의 관심을 받지 못하는 건 아기의 발달에 아무런 문제도 되지 않는다. 오히려 가끔 아기의 욕구가 신속하게 충족되지 않아야 아기가 독립심을 기르고 상황에 대응하는 방법을 배우는 데 더 효과적이라고 보는 연구자도 있다[97](물론 평소에는 부모의 관심과 돌봄을 충분히 받는 아기에 한해서다).

어쨌든 팬데믹 시기의 신생아들은 루마니아 보육원의 아기들보다 훨씬 나은 상황임에도 불구하고, 생애 초기에 관심과 돌봄이 부족하면 발달에 악영향을 줄 수 있다는 것은 분명하다. 생애 '초기'가 임신 몇 주부터 출생 후 몇 개월까지인지, 어느 정도가 '충분한' 관심과 자극인지에 대해서는 좀 더 연구가 필요하다.

앞서 소개했던 미국의 연구에서, 임신부가 가족이나 주변인들로부터 사회적 지지를 받고 있다고 느끼면 아기의 발달은 크게 저하되지 않았다.[98] 또한 차우셰스쿠 정권 당시 루마니아 보육원의

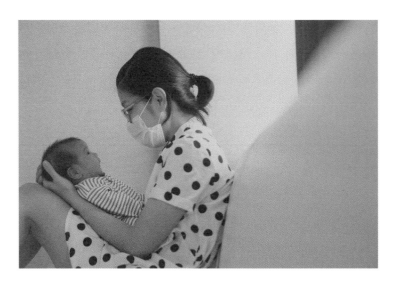

•: 코로나19 팬데믹의 위험 속에서도 아기와 눈을 마주치고 소리를 들려주며 살을 맞대는 소통은 멈추지 말아야 한다.

아기들도 이른 시기에 환경이 개선되고 나아지면 뇌 발달이 정상 궤도에 가까워지는 사례도 있었다.

　코로나19 팬데믹 초기, 불안과 스트레스에 시달리던 때는 이미 훌쩍 지났다. 지나간 일은 어쩔 수 없지만 지금 당장, 그리고 앞으로 아기들의 뇌와 인지 기능 발달을 위해 할 수 있는 일부터 실천하자. 그게 무엇인지 우리는 잘 알고 있다. 아기에게 말을 걸어 주고 그들의 옹알이에 귀를 기울이는 것, 어루만져 주고 안아 주고 작은 몸짓 하나, 표정 하나에 반응해 주는 것, 이처럼 신체적·정신적 교감을 나누는 것이 아기에게 꼭 필요한 자극이다.

2부

전 지구적 방역 현장이 된
우리의 일상

화상 회의와 줌 미팅은 왜 대면 미팅보다 더 피곤할까?

재택근무가 늘면서 덩달아 화상 회의의 빈도도 크게 늘었다. 화면에 잡히는 상의는 단정하지만 하의는 반바지나 잠옷 차림으로 화상회의에 참석하거나 배경으로 보이는 집 안 인테리어에 신경을 쓰는일은 팬데믹 이전에는 생각하지 못했던 것들이다. 그런데 왜 화상회의나 줌Zoom 미팅을 하고 나면 대면 회의에 비해 유독 더 피곤할까? 신체를 과도하게 사용하면 체력이 바닥나고 힘이 드는 것처럼정신적 자원을 많이 소모하는 일은 뇌를 피곤하게 만들기 때문이다. 또 뇌가 쓸 수 있는 인지적 자원은 체력처럼 한계가 있기 때문이다.

코로나19 1차 대유행의 여파가 이어지던 2020년 5월, 나는 서로 다른 나라와 시간대에 살고 있는 대학원 박사 과정 입학 동기들과 온라인 모임을 가졌다. 나는 이른 새벽에 일어나 웹캠을 켰고, 우리는 오랜만에 얼굴을 보면서 각자 사는 곳의 코로나 상황과 자신의 근황 이야기를 나눴다. 한 시간 남짓 이야기를 나눴을 뿐인데 화상 회의 창을 닫자 곧바로 피로가 몰려왔다. 업무 회의도 아니고 그저 친구들과 수다를 떤 것뿐이었다. 그런데 왜 그리 피곤했을까? 영어 대화를 따라가느라 뇌에 과부하가 걸려서? 혹은 평소보다 일찍 일어나느라 잠이 부족해져서?

화상 회의는 처리해야 할 정보를 증가시킨다

코로나19 팬데믹이 장기화되자 줌이나 구글 미트Google Meet 같은 비대면 화상 회의 도구의 사용이 일상화되었다. 이에 따라 소위 '줌 피로Zoom Fatigue'를 호소하는 직장인도 많아지고 있다. 화상 회의 후 피로한 사람이 많은 것을 보면 영어를 이해하려고 뇌를 과도하게 썼다거나 잠을 덜 잤다거나 인테리어나 옷차림에 신경 써서라기보다 화상 회의를 하는 행위 자체가 우리를 피곤하게 만든 것이다. 게다가 인지적 자원의 용량은 우리가 생각하는 것, 기대하는 것보다 훨씬 적다. 예를 들어 사람의 시각 시스템은 한 번에 서너 개의 정보밖에 처리하지 못한다.[1]

:• 온라인이든 오프라인이든 모두에게 주목받는 상황은 우리 뇌를 편안하지 못하게 만든다.

대면 회의를 할 때에는 현재 발표자나 발표 자료에만 주의를 기울이고 필요한 정보만 골라 처리하기 쉽다. 하지만 화상 회의는 상황이 조금 다르다. 화상 회의 프로그램을 실행하면 모든 참가자가 작은 네모 칸칸마다 들어가 나를 바라본다. 사람의 얼굴 모습은 당사자가 의도했든 아니든 자동적으로 주의를 끄는 자극이다.[2]

이런 자극 여러 개가 동시에 시야에 들어오면 대면할 때처럼 한 명에게 주의를 집중하기 어렵다. 또 모니터 속 네모 칸칸마다 보이는 참가자들의 배경 모습이 저마다 다른 것도 정보의 양을 증가시켜 처리하기 어렵게 만든다. 처리 용량은 제한되어 있는데 다양한 배경 속 여러 사람이 주의를 끄면 우리 뇌는 금방 지치기 마련이다.

실제로 화상 회의를 할 때 가지각색의 배경 화면을 없애고, 참가자들을 강의실이나 회의실에 모여 앉은 것처럼 배열하면 피로도가 일부 감소하는 것으로 나타났다.[3]

화상 회의 중에 우리 뇌가 처리해야 하는 정보는 얼굴과 말소리뿐이 아니다. 의사소통을 할 때에는 말로 전달되는 내용 외에도 몸짓이나 시선 같은 비언어적 신호도 매우 중요하다. 하지만 화상 회의 중에는 비언어적 신호가 잘 전달되지 않는다. 대부분의 보통 사람은 유명 유튜버나 온라인 강의 강사들처럼 화상 회의에 최적화된 공간과 장비를 가지고 있지 않다. 그러다 보니 간혹 카메라의 위치나 각도 때문에 허공을 쳐다보거나 옆모습만 보이는 화상 회의 참가자도 있다.

인터넷 연결이 원활하지 않아서 말소리와 영상의 싱크Sync가 맞지 않는 경우도 흔하다. 이런 상황에서 회의 참가자들의 시선, 몸짓, 표정 변화 같은 비언어적 신호를 읽어 내려면 대면 상황보다 더 많은 인지적 자원을 소모하게 된다.[4] 이와 동시에 우리 뇌는 화상 회의 참가자들에게 평소보다 더 많은 신호를 보내게 된다. 즉, 화상 회의를 하는 동안 우리 뇌는 뭔가 평소보다 의사소통이 원활하지 못하다고 느끼고 대면 회의를 할 때보다 조금 더 과장된 반응을 하거나 시선이 엇갈린 모니터 속 상대방의 눈을 똑바로 쳐다보려고 하는 등 무의식중에 비언어적 신호를 더 많이 만들어 내는 것이다. 게다가 사람들은 화상 회의를 할 때 대면 회의 때보다 약 15% 더 크게 말하는 경향이 있다.[5] 나는 비대면 수업이 몰린 날이면 유난히 더 피곤하고 목이 아팠는데 나만 유난스러운 게 아니었던 것이다.

나를 의식하는 것과 딴짓이 효율을 떨어뜨린다

화상 회의를 통해 접하는 정보 양이 많은 것도 우리 뇌에 부담이지만 처리해야 하는 정보의 특성 자체도 피로도를 높인다. 예를 들면 대면 회의 중에는 내가 이야기할 때에만 나에게 시선이 집중된다. 그러나 화상 회의 중에는 모니터 속 회의 참가자들이 모두 나를 똑바로 쳐다보는 것처럼 느껴진다. 이런 상황에서 뇌는 긴장하고 각성 수준도 높아진다. 어떤 이들은 누군가 매우 가까운 거리에서 나를 계속 지켜보고 있는 것 같은 불안감을 느끼기도 한다.

게다가 화상 회의 동안 다른 참가자들의 얼굴만 보이는 게 아니다. 내 얼굴 역시 모니터 속 네모 칸에 나타난다. 이처럼 내가 내 모습을 인식하고 있다는 것 자체로도 피로하다. 회의 중에 자기 얼굴이 보이는 게 왜 부정적인 영향을 주는지 잘 와닿지 않는다면, 연구자들이 사용한 비유처럼 '일하는 동안 내내 누군가가 거울을 들고 나를 따라다니는 상황'을 상상해 보라.[6]

화면에 자기 얼굴이 계속 보이면 자꾸 의식하게 된다. 여러 연구에서 참가자에게 거울이나 카메라로 자기 얼굴을 보면서 다른 과제를 수행하게 했더니 주의가 자기 자신에게 향할 때 부정적 정서

•: 한꺼번에 여러 일을 하는 멀티태스킹은 대단한 능력처럼 여겨지지만 사실 한 가지 일에 집중
하지 못하므로 효율이 떨어지고 에너지도 더 많이 소모된다.

가 유발될 수 있다는 결과가 나타났다.[7] 공유된 발표 슬라이드를 보
거나 혹은 꼭 서로의 얼굴을 보지 않아도 되는 시간에는 잠시 카메
라를 꺼 두자. 그러면 회의 참석자들은 조금이나마 피로를 덜 수 있
을 것이다.

멀티태스킹은 화상 회의의 또 다른 특징이다. 화상 회의 중에
는 웹캠을 켜 놓은 상태로 다른 일을 하는 경우가 흔하다. 나 역시
회의 도중 내가 발표해야 하는 상황이 아니라면 가끔 이메일을 확
인하거나 SNS를 들여다보곤 한다. 멀티태스킹은 한정된 시간 동
안 더 많은 일, 다양한 일을 하는 것처럼 느껴지게 만들지만 실제로

는 일의 효율을 떨어뜨리고 뇌의 자원 소모도 증가시키는 것으로 나타났다.[8]

이처럼 화상 회의 중 일어날 수 있는 상황들은 부자연스럽거나 사소해 보일지 모른다. 하지만 이런 부자연스러운 상황이 화상 회의 내내 동시에 발생하기 때문에 우리 뇌에 대면 회의 때보다 더 큰 부하가 지속해서 걸리는 셈이다. 미국 마이크로소프트 사의 연구원들은 실험 참가자들의 머리에 뇌파 측정기를 부착하고 화상 회의 중에 뇌에서 어떤 반응이 나타나는지 알아봤다. 그랬더니 화상 회의를 할 때 대면 회의나 회의가 아닌 다른 업무를 할 때보다 주의 집중과 관련된 뇌파가 더 크게 나타났다.[9] 즉, 인지적 자원의 소모가 늘어난 것이다. 한정된 인지 자원을 화상 회의 내내 더 많이 썼으니 더 피곤할 수밖에 없는 것이다.

때와 장소를 가리지 않고 일하고 회의하고

다양한 화상 회의 프로그램 덕분에 출장을 가는 시간도 아낄 수 있고, 집에서 편하게 회의에 참석할 수 있게 되었다. 나만 해도 다른 지역에서 열리는 아침 회의에 참석하기 위해 새벽부터 기차를 타는 일이 흔했다. 하지만 이제는 회의 시작 전에만 일어나면 되니 업무가 더 편해진 것처럼 느껴질 때도 있다. 가끔은 잠옷 바지를 입은 채 상의만 갈아입고서 화상 회의에 참석하기도 한다. 코로나19

팬데믹이 종식되더라도 회의는 비대면으로 계속 진행했으면 좋겠다는 생각마저 들 정도다. 하지만 우리 뇌는 특성상 화상 회의에 더 부담을 느낄 수밖에 없다.

잠시 팬데믹 이전을 떠올려 보자. 그때는 회의만 생각하면 설레고 빨리 참석하고 싶었을까? 회의를 마치고 나면 상쾌하고 만족감을 느꼈나? 물론 즐거운 회의도 있었겠지만 대부분은 좋든 싫든 해야 하는 업무의 하나였다. 때와 장소에 크게 구애받지 않는다는 화상 회의의 장점 때문에 더 자주 열리거나 이른 아침이나 늦은 밤에도 열리는 건 아닐까?

미국 하버드대학교와 뉴욕대학교의 연구진이 조사한 바에 따르면 실제로 그랬다. 코로나19 팬데믹 봉쇄령으로 재택근무가 시작된 이후 전 세계 16개 도시에서 근무하는 300만 명 이상의 직장인을 대상으로 업무 활동이 어떻게 달라졌는지 분석했더니, 의외로 회의 한 건 한 건의 시간은 약간 줄어든 것으로 나타났다. 하지만 이들이 참석해야 하는 온라인 회의의 수는 늘었고, 회의마다 참석자의 수도 증가했다. 게다가 직장인들의 전체적인 업무 시간도 재택근무 이전보다 늘어났다.[10]

화상 회의는 인지적 부담이 크다. 그래서 우리를 더 피곤하게 만든다. 게다가 비대면 기술의 발전으로 인해 업무 자체가 늘어난 것도 '줌 피로'를 더하는 데 한몫하고 있다. 화상 회의 중 웹캠을 잠시 끔으로써 뇌의 부담과 피로를 줄일 수는 있지만 보다 근본적인 해결책은 되도록 회의 시간과 횟수를 줄이는 것이다. 화상 회의가 편하다는 이유로 회의를 더 자주, 더 오래 하고 있는 것은 아닌지 돌아봐야 할 것이다.

학습 효율을 높이는
비대면 온라인 수업 활용법은?

코로나19 팬데믹 동안 학교 수업의 상당수가 실시간으로 온라인 수업을 하거나 녹화된 영상을 보는 형태로 진행됐다. 대학에서 강의를 하는 나로서는 실시간 수업이 녹화 수업보다 더 편하게 느껴졌다. 발음이 새거나 말이 약간 꼬이는 것처럼 실시간 수업에서는 자연스레 넘어갔을 법한 실수도 강의 영상을 만들 때에는 녹화를 반복했던 적이 많았기 때문이다. 한 번은 실습 수업 영상을 만들던 중 중간에 끊을 수가 없어서 단번에 수업 전체를 녹화해야 했는데, 마지막 부분에서 실수를 하는 바람에 지금까지 찍은 영상을 버리고 처음부터 다시 녹화한 적도 있었다.

•⁝ 강의 영상을 2배속으로 재생하는 것처럼 녹화도 2배속으로 할 순 없을까?(물론 당연히 없다.)

이처럼 실시간 대면 수업이 더 편하고 효과적임에도 불구하고 수업 종류나 성격에 따라 어쩔 수 없이 녹화 영상을 사용할 때가 있는데, 그때마다 나는 녹화 강의가 학생들의 학습에 효과가 있는지 의문이 들었다. 한 조사에 따르면 온라인 영상 수업을 듣는 학생의 85%가 재생 속도를 높여서 본다고 답했다.[11] 나 역시 온라인 수업을 들어야 할 때에는 재생 속도를 1.5배속에 맞추곤 했다. 그런데 이처럼 원래 속도보다 빠르게 재생하는 수업 영상을 봐도 내용을 이해하는 데 지장은 없는 걸까?

재생 속도가 빠르면 내용이 머릿속에 덜 들어올까?

대학의 온라인 수업 관리 시스템은 어떤 학생이 영상의 재생 속도를 높이거나 영상의 일부를 보지 않고 넘기는지 확인할 수 있다. 수업 관리 시스템의 종류마다 기능의 차이가 있겠지만 내가 몸담고 있는 대학의 시스템은 수업 영상을 끝까지 시청했는지 확인하는 것에서 그치지 않는다. 영상이 재생되고 있는데 다른 인터넷 창을 보았다면 그 시간만큼 영상 시청 시간에서 제외되고, 영상을 끝까지 시청했어도 정상 속도 이상으로 빠르게 재생했다면 수업을 이수하지 않은 것으로 간주하는 등 꽤 철저하게 시청 기록이 관리된다.

이처럼 온라인 학습 관리 시스템은 영상을 빠른 속도로 보는 것이 정상적이지 않은 학습 방법이라고 가정하는 것 같다. 하지만 한 연구 결과에 따르면 의외로 영상의 내용을 이해하는 데 재생 속도는 큰 영향을 미치지 않는다.[12] 그 실험에서 연구자들은 학생들에게 서로 다른 속도로 재생되는 10여 분짜리 강의 영상을 보여 주고 수업 내용에 대해 시험을 봤다. 그랬더니 영상의 재생 속도가 빨라지더라도 시험 점수에서 큰 차이가 나지 않았다. 하지만 이러한 결과는 어디까지나 재생 속도가 적당한 범위 내에서 달라졌을 때에만 국한되었다. 재생 속도가 2.5배속 이상이었을 때에는 시험 점수가 낮게 나온 것이다.

물론 그렇다고 모든 영상 수업을 2배속으로 빠르게 시청해도

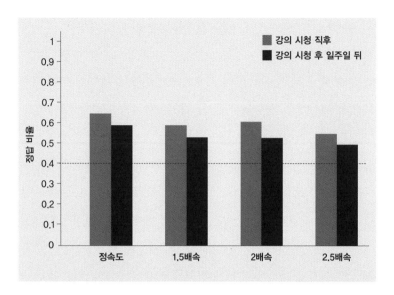

동영상 강의 속도(정속도, 1.5배속, 2배속, 2.5배속)에 따른 시험 결과 비교. 회색 막대는 강의 시청 직후에 본 시험 결과, 검은색 막대는 강의 시청 후 일주일 뒤에 본 시험 결과다. 두 경우 모두 강의 속도에 따른 큰 학습 효과 차이는 없었다. (자료 출처: Murphy, D. H., Hoover, K. M., Agadzhanyan, K., Kuehn, J. C., & Castel, A. D. (2022). Learning in double time: The effect of lecture video speed on immediate and delayed comprehension. *Applied Cognitive Psychology, 36*(1), 69–82.)

된다는 의미는 아니다. 강사의 말이 빠른 편이라면 1.5배속으로 재생해도 우리 뇌가 다 처리하지 못할 수 있다. 원체 느리고 지루하게 진행되는 수업이라면 2배속이어도 충분히 처리할 수 있다.

　사람마다 정보 처리 속도와 한 번에 처리할 수 있는 정보의 양이 다르다. 영어의 경우 일반적인 말하기 속도보다 약 1.8배 빠른 정도, 즉 분당 275단어까지도 대체로 잘 이해할 수 있다고 한다.[13]

하지만 보통 사람도 훈련을 거치면 평균 말하기 속도보다 거의 3배 빠른 말도 무리 없이 이해할 수 있다.[14]

수업을 듣는 것은 단순히 말소리를 듣고 이해하는 데에서 그치는 게 아니다. 말을 듣는 동시에 시각 자료나 강의 슬라이드를 보면서 거기에 담긴 내용도 이해해야 한다. 시각 자료에 그림만 가득하고 아무런 글이 없다면 선생님이나 강사의 설명을 필기하느라 말소리의 속도를 따라가기 어려울 수 있다. 반대로 그림 없이 글만 가득한 시각 자료 역시 눈으로 읽고 쫓아가기 쉽지 않다.

정리하자면, 영상 수업을 재생할 때 2배속은 괜찮고 2.5배속은 안 된다는 것처럼 속도의 한계가 정해져 있는 것은 아니다. 수업의 속도와 난이도, 내용의 복잡성이 학생의 정보 처리 용량의 한계를 넘지 않는 선까지는 괜찮다는 말이다.

그렇다면 수업 영상을 정속도로 한 번 보는 것과 2배속으로 2번 보는 것 중 어느 쪽이 더 효과가 좋을까? 한 연구에서 이 둘을 비교해 보았더니 2배속을 연이어 2번 봤을 때 효과는 1배속으로 한 번 봤을 때 효과와 큰 차이가 없었다. 공부하는 데 둘 다 동일한 시간을 쓴 셈이니 차이가 없을 법도 하다. 하지만 2배속으로 한 번 본 뒤 얼마간 시간이 지난 후 한 번 더 봤을 때에는 1배속 영상을 한 번 봤을 때보다 내용을 더 잘 이해하고 기억할 수 있었다. 공부에 똑같은 시간을 투자하더라도 그 방법에 따라 효과와 결과가 달라진 것이다.

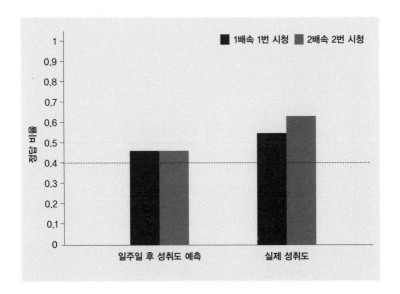

●ˊ 학생들은 동영상 강의를 정속도로 한 번 시청하거나(검은색 막대) , 2배속 동영상을 일주
일 간격을 두고 2번 시청했다(회색 막대). 학생들이 예측한 자신의 일주일 후 시험 성취
도는 동영상 강의 시청 속도에 따른 차이가 없었다. 그러나 실제 시험 성취도는 2배속으
로 시차를 두고 2번 시청한 학생들이 더 높았다. (자료 출처: Murphy, D. H., Hoover, K. M.,
Agadzhanyan, K., Kuehn, J. C., & Castel, A. D. (2022). Learning in double time: The effect
of lecture video speed on immediate and delayed comprehension. *Applied Cognitive
Psychology, 36*(1), 69–82.)

같은 내용을 연이어 공부하는 것보다 시차를 두고 공부하는 게
더 좋다는 것은, 기억 연구 분야에서 간격 효과Spacing Effect 또는 분
산 연습Distributed Practice이라는 이름으로 널리 알려진 현상이다. 그
원리는 이러하다. 시간 차이를 두고 다른 상황에서 공부를 반복하
면 나중에 기억을 회상할 때 사용할 수 있는 상황 단서Contextual Cue

가 더 많아진다. 만약 첫 번째와 두 번째 학습 사이에 잠을 잤다면 자는 동안에 기억이 더 정교화되는 효과를 누릴 수 있다. 또 두 번째 공부를 하면서 이전에 학습한 내용을 떠올리기 때문에 기억이 더 강화된다.

팬데믹 이후에도 계속될 온라인 수업의 명과 암

온라인 비대면 수업은 코로나19 감염을 줄이는 것 외에도 선생님과 학생 모두 원하는 시간과 장소에서 편하게 영상을 제작하고 시청할 수 있다는 장점 때문에 적극적으로 활용되고 있다. 게다가 수업을 반복해서 들을 수 있다는 장점도 있다. 이런 장점 때문에 팬데믹이 종식되어도 온라인 수업은 사라지지 않을 것이다. 오히려 팬데믹이 끝나도 더욱 활발해질 것이라는 예상도 있다. 코로나19 팬데믹 이전에도 사이버 대학이 운영되고 있었고, 해외의 온라인 공개 수업MOOC, Massive Open Online Course 서비스를 이용하는 이도 많았기 때문이다.

온라인 수업이 늘어난 만큼 이를 불편하고 답답하게 여기는 교사와 학생도 많아졌다. 한 조사에 따르면 코로나19 팬데믹 기간 동안 확산된 온라인 수업이 학력 저하를 불러온 것으로 나타났다.[15] 반대로 온라인 수업을 들어도 학생들의 성취도는 오프라인 대면 수업 때와 큰 차이가 없었다는 연구 결과도 있다.[16, 17] 온라인 수업이 더 보편화되려면 대면 수업만큼의 효과를 낼 것인가도 중요하지만 그 외에 고려해야 할 문제가 많다.

온라인 수업의 장점이 모든 이에게 장점으로 작용하진 않는다. 예를 들면 누구나 원하는 시간과 장소에서 온라인 수업에 접근할 수 있는 것은 아니다.[18] 수업을 듣기 위해 무료 와이파이가 제공되는 곳을 찾아가야 하는 사람도 있으니까. 집 안에 컴퓨터가 한 대뿐이라면 가족 구성원들이 수업과 재택근무를 번갈아 해야 할 수도 있다. 대학생이나 성인이라면 온라인 수업도 큰 문제가 되지 않지만, 아직 자기 통제를 잘 하지 못하는 어린이는 선생님이나 보호자의 도움 없이 혼자서 온라인 수업에 집중하고 따라가기는 쉽지 않다.[19]

이러한 온라인 수업의 약점은 전반적인 학력 저하와 집단과 개인 간 학력 격차를 불러올 수 있다. 그리고 한 번 발생한 교육 격차는 쉽사리 줄어들지 않고 계속 누적된다.[20] 팬데믹 기간에만 잠시 발생하는 그런 격차가 아니라 먼 훗날이나 평생까지 그 후유증이 남을 수 있는 것이다.

왜 마스크를 쓰면
더 예쁘고 잘생겨 보일까?

마스크 쓰기가 일상화된 후 사람들이 가장 신기하게 여기는 부분 중 하나는 거리에 예쁘고 잘생긴 사람이 많아진 것처럼 보인다는 점이다. 그러다 보니 마스크를 벗은 맨얼굴이 기대치와 다를 때 실망스럽다는 의미로 '마기꾼(마스크+사기꾼)'이라는 신조어가 유행할 정도다.

연구자들은 신속하게 이런 '느낌적인 느낌'이 사실인지 확인해 봤다. 2020년 미국에서 진행된 한 실험에서는 참가자들에게 먼저 마스크를 쓰지 않은 맨얼굴 사진 여럿을 보여 주고 각각의 얼굴 모습이 얼마나 매력적인지 평가하게 했다.[21] 그다음 같은 사람들이

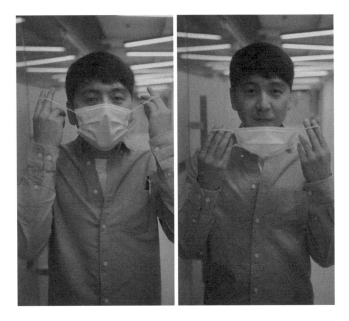

∴ 우리 주위에서 마스크를 썼을 때와 벗었을 때의 인상이 다른 사람을 쉽게 찾아볼 수 있다. 이 때 맨얼굴이 얼마나 매력적이냐가 관건이다.

마스크를 쓰고 찍은 사진을 보여 주면서 마찬가지로 얼마나 매력적인지 물었다.

　실험 결과 사람들은 마스크 쓴 얼굴을 맨얼굴보다 더 매력적으로 평가했다. 여기에 더해 맨얼굴의 매력도가 낮은 사람일수록 마스크 쓴 얼굴은 더 매력적으로 보였다. 매력도가 낮은 맨얼굴 소유자가 마스크를 쓰면 약 40% 높은 평가를 받은 반면, 맨얼굴의 매력도가 높은 사람들은 점수가 6% 정도밖에 오르지 않았다. 즉 맨얼굴 모습이 매력적이지 않을수록 마스크로 인한 외모 '버프Buff' 효과를 더 받는 것이다.

마스크에 가려진 부분을 우리 뇌가 매력으로 채운다

마스크를 쓰면 왜 외모가 더 나아 보일까? 이 질문에 답을 찾기 전에 우선 '예쁘고 잘생긴' 얼굴이란 어떤 얼굴인지부터 알아보자. 사람마다 자신이 생각하는 이상형의 얼굴은 다를 것이다. 그렇지만 사람들은 일반적으로 피부가 깨끗하고 좌우가 대칭이며 평균에 가까운 얼굴을 매력적이라고 평가한다(구체적으로 어떤 모습일지 궁금하다면 여러 친구의 얼굴 사진을 모아서 합성해 보자. 아마 합성된 평균 얼굴이 원재료였던 그 어떤 친구의 얼굴보다 나아 보일 것이다).

깨끗한 피부, 좌우 대칭, 평균에 가까운 모습 등의 특징은 생물학적 건강성을 나타내는 지표로 해석된다고 여겨진다. 그래서 마스크를 쓰면 얼굴의 비대칭성이나 매력적이지 않은 특징이 가려지기 때문에 외모가 더 나아 보이는 것이다. 반대로 매력적인 얼굴의 주인공이 마스크를 쓰면 '잘생김'을 뽐낼 수 있는 여러 특징이 가려지기 때문에 매력도 점수가 크게 변하지 않거나 도리어 매력이 조금 떨어져 보이는 것이다.

마스크를 쓴 얼굴이 더 매력적으로 보이는 또 다른 이유는 뇌의 해석 때문이다. 얼굴의 일부가 가려지면 우리 뇌는 가려진 정보

•᛬ 우리 뇌는 얼굴 중 검정 네모로 가려진 부분을 상상으로 채운다. 머릿속에 그렸던 얼굴과 실제 얼굴이 얼마나 다른지 확인해 보자.

가 무엇인지 예측하려 든다. 아는 사람의 얼굴이라면 뇌는 기억하는 정보를 사용할 수 있지만 처음 보는 사람이라면 그럴 수가 없다. 가진 정보가 없는 상태에서 가려진 얼굴을 예측하기 위해 뇌는 입, 코, 얼굴형 등을 가정하고 이 정보를 바탕으로 전체 얼굴을 그리게 된다.[22] 즉, 매력도가 낮은 얼굴의 일부 대신 매력도가 높은 평균적인 얼굴을 추정하여 전체 얼굴을 평가하는 것이다.

코로나19 팬데믹 이전에 이미 마스크의 외모 버프 효과를 이용하려는 사람들이 있었다. 바로 일본의 젊은 여성들이다. 2016년 전후 일본에서는 감기에 걸리지 않아도, 미세먼지가 심하지 않아도 마스크를 쓰는 젊은 여성이 늘어났다. 이런 수요에 따라 다양한 색과 디자인의 마스크가 시중에 선을 보였고 큰 인기를 끌었다.

왜 젊은 여성들이 마스크를 패션 용품처럼 쓰고 다닐까? 이것이 궁금했던 일본의 연구자들은 의료용 마스크를 쓴 얼굴과 맨얼굴의 매력도가 얼마나 다른지 조사했다.[23] 마스크를 열심히 쓰고 다녔던 당시 일본 여성들에게는 실망스러운 결과이겠지만, 얼굴을 가렸을 때 대체로 매력도가 떨어지는 것으로 나타났다.

2020년 미국에서의 연구와 2016년 일본에서의 연구는 왜 반대의 결과가 나왔을까? 일본과 미국의 문화적 차이 때문일까? 아니면 연구 시기가 코로나19 팬데믹 이전과 이후라는 차이 때문일까?

2016년에 실시했던 일본의 연구에서는 의료용 마스크를 대상으로 조사했다는 점을 주목하자. 의료용 마스크는 감기나 다른 질병을 떠올리게 만들고, 마스크를 착용한 사람이 건강하지 않게 보이도록 만든다. 즉, 의료용 마스크가 외모를 더 나아 보이게 하는 효과보다 실병이나 건강 이상 능 부정적으로 보이게 하는 효과가 더 컸을 가능성이 있다.

같은 맥락에서 일본의 연구자들은 마스크가 아닌 노트나 카드 같은 물건으로 입과 코를 가리면 얼굴의 매력도가 높아지는 것을 확인할 수 있었다. 이처럼 얼굴의 일부를 가리면 외모 버프를 받지만, 2016년의 일본에서는 의료용 마스크가 자동적으로 부정적인 반응을 일으켜서 외모 버프를 받지 못한 것이다.

더 이상 마스크 쓴 얼굴은 아파 보이지 않는다

코로나19 팬데믹 이후 마스크에 대한 우리의 인식은 크게 바뀌었다. 초창기에는 마스크를 쓰지 않은 채 외출하면 따가운 눈총을 받는 정도였지만 이제는 마스크를 쓰지 않고 외출하는 건 상상도 못 한다. 마스크를 쓰는 게 더 이상 감기나 질병을 연상시키지 않게 된 것이다.

2016년 일본 여성들의 마스크 사랑을 실험으로 검증했던 연구진은 2020년에 또 다른 실험을 진행했다.[24] 우선 코로나19 팬데믹 이후에도 마스크가 여전히 질병이나 건강 이상을 떠올리게 하는지 알아봤는데, 쉽게 예상할 수 있듯이 더 이상 그러지 않았다. 또한 2020년에는 일본에서도 마스크를 쓴 얼굴의 매력도가 더 높게 평가되었다. 단, 이번에도 마스크로 인한 외모 버프는 주로 맨얼굴의 매력도가 낮은 사람에게서만 나타났다.

코로나19 전후의 연구 결과를 비교하면, 얼굴의 매력을 평가하는 기초적인 인지 기능도 사회문화적 맥락에 따라 다르게 작동할 수 있음을 보여 준다. 팬데믹 시대에는 마스크 쓴 얼굴이 규칙을 잘 지키고 건강과 위생에 신경 쓰는 모습을 연상시키는 것이다. 그러므로 마스크를 쓰면 부정적인 인상을 주지 않으면서도 맨얼굴의 단점을 가려 주기 때문에 더 매력적으로 보이는 것이다. 하지만 맨얼굴이 훌륭한 사람은 마스크를 써도 매력도가 크게 달라지지 않는다. 이렇게 글을 마무리하면서 나는 되도록 오래오래 마스크를 쓰는 게 유리하겠다 싶었다.

아는 사람 얼굴도 마스크를 쓰면 왜 알아보기 힘들까?

할리우드 블록버스터 시리즈 〈어벤져스〉 중 한 편인 영화 〈캡틴 아메리카: 윈터 솔져〉의 주인공 버키는 초반부에 마스크를 쓴 채 등장한다. 또 다른 주인공인 캡틴 아메리카는 버키와 오랜 친구였는데도 마스크를 쓴 그를 알아보지 못한다. 나는 영화를 보는 내내 '캡틴은 버키가 죽은 것으로 알고 있으니 못 알아본 거겠지. 고작 마스크 하나 썼다고 절친을 못 알아봤겠어?' 하는 생각이 머릿속에서 떠나지 않았다.

그런데 코로나19 팬데믹 이후 모두가 마스크를 쓰고 다니기 시작하자 비로소 캡틴 아메리카의 곤란함이 이해됐다. 마스크를 쓴 얼굴을 제대로 알아보지 못하는 사람이 한둘이 아니었던 것이다. 이에 대한 연구에서도 마스크 착용이 얼굴 인식 정확도를 크게 떨어뜨린다는 결과가 나왔다.[25] 그리고 마스크의 얼굴 인식 방해 효과는 어른보다 아이들에게서 더 크게 나타났다.[26]

우리 뇌가 얼굴을 알아보는 메커니즘

'고작 마스크 하나'라고 치부하기에는 얼굴 인식에 마스크가 미치는 영향이 너무 크다. 사람뿐 아니라 스마트폰도 얼굴 인식을 제대로 하지 못해 잠금 해제가 안 되는 경우가 흔하다. 얼굴 인식은 눈의 크기나 코의 모양처럼 한두 가지 특징만으로 이루어지는 게 아니다. 눈, 코, 입 등 얼굴을 구성하는 요소의 생김새와 이들의 배열, 관계를 통합하는 과정이다. 따라서 마스크를 쓰면 얼굴의 부분만 가려지는데도 얼굴 인식에 필수적인 정보가 사라지기 때문에 그만큼 어려워진다.

코로나19 방역이 한창이던 시기에 한 장의 사진이 화제가 되었다. 저마다 서로 다른 동물 귀나 꼬리 모양 장식을 붙인 방호복을 입고 있는 의료진들의 모습이었다. 이렇게 한 이유는 의료진들이 서로를 쉽게 알아보기 위해서였다. 마스크와 보호 장구에 얼굴과 신체가 가려지자 방호복 겉에 잘 보이는 힌트를 붙인 것이다. 마스크를 쓴 채 학교에서 수업을 듣는 아이들도 이와 유사한 방식으로

선생님과 친구들을 더 잘 알아볼 수 있다. 비록 얼굴은 조금 가려져 있더라도 머리 모양, 안경, 패션 스타일, 걸음걸이 등을 통해 서로를 인식하고 알아보는 법을 빠르게 배우는 것이다.

새로운 얼굴을 배우고 인식하는 능력은 30대 초반까지 향상된다.[27] 대부분의 인지 기능은 20대 초반에 절정에 다다르지만 얼굴 인식 능력은 20대 이후에도 계속 발달하는 것이다. 그런데 얼굴 인식 능력이 발달하는 과정에는 마스크를 쓰지 않은 맨얼굴을 접해야 한다. 그래야 얼굴의 구성 요소를 통합적으로 인식하는 걸 배울 수 있는 것이다. 물론 마스크 착용이 일상화되었다고 해서 마스크를 쓰지 않은 맨얼굴을 볼 기회가 없는 것도 아니다. 그러므로 마스크를 집어던지고 더 이상 쓰지 않아도 되는 날이 온다면 우리 뇌는 다시금 빠르게 적응하고 학습할 수 있을 것이다.

마스크가 입 모양을 가리면 언어 학습에 지장이 생길까

이제 갓 두 돌을 넘긴 내 딸아이는 밖에 나가 놀고 싶을 때면 마스크를 들고 와서 내 입을 가리키며 정확하지 않은 발음으로 '아빠 마스크, 아빠 마스크'라며 보챈다. 나에게 얼른 마스크를 쓰고 문을 열라는 표시다. 아직 제대로 된 문장도 말하지 못하는 아이가 이렇게 행동으로 의사 표현을 하는 걸 보면 대견스럽기도 하지만 한편으로는 걱정도 된다. 코로나19 팬데믹 전후에 태어난 아기들에게는 마스크가 옷이나 신발처럼 자연스러운 외출 복장 중 하나로 여겨질 것이다. 이렇게 어렸을 때부터 마스크로 반쯤 가린 얼굴들을 보고 자라면 나중에 아무런 영향이 없을까? 말하는 사람의 입 모양이 제대로 보이지 않는데 언어 능력 발달에 지장은 없을지, 얼굴을 알아보거나 감정을 읽어 내는 기본적인 인지 기능은 제대로 작동할지 걱정이 앞선다.

개인 특성과 환경에 따라 약간의 차이는 있겠지만 아기들은 대략 생후 6개월 전후에 옹알이를 시작한다. 옹알이는 부정확한 발음으로 말과 비슷한 소리를 내는 것이다. 신생아들은 사람의 얼굴을 처다볼 때 주로 눈 쪽을 본다. 하지만 옹알이를 시작한 아기들은 눈이 아닌 입 주변에 주의를 기울인다.[28] 이를 통해 아기들은 말소리를 처리하는 데 도움이 될 만한 시각적 단서를 얻는다. 즉, 말하는 상대방 입의 움직임을 관찰하고 흉내 내면서 어떻게 소리를 내는지 학습하는 것이다. 말하는 상대의 입에 주의를 잘 기울이는 아기들이 나중에 더 뛰어난 언어 능력을 보인다.[29]

그러므로 마스크로 입을 가린 얼굴들을 보고 자란 팬데믹 시기의 아기들이 말을 늦게 배우거나 언어 능력 발달에 지장을 받지 않을지 걱정이 되지 않을 수 없다. 마스크를 쓴 채 말하면 발음이 정확하게 전달되지 않기 때문에 아기들에게는 더욱 입 모양 정보가 필요할 텐데 말이다. 연구자들은 이런 걱정이 전혀 근거 없는 건 아니지만 그렇다고 과도하게 걱정할 필요도 없다고 말한다.[30] 사실 우리가 24시간 내내 마스크를 쓴 채 살아가는 것은 아니기 때문이다.

아기들은 하루 동안 어린이집에서 마스크를 쓴 선생님을 만나기도 하고, 집에서 마스크를 벗은 부모와 함께하기도 한다. 마스크를 쓰지 않는 집이나 실내에서만이라도 아기들과 얼굴을 맞대고 대화해 준다면 아기들이 언어를 배우는 데 필요한 정보를 충분히 줄 수 있다. 다만 아기들이 말을 충분히 배우는 데 어느 정도의 대면 접촉이 필요한지에 대해서는 연구가 더 필요할 것이다.

아기들이 자라서 생후 12개월쯤 되면 상대방의 입 모양뿐 아니라 다시 눈에도 주의를 기울이기 시작한다. 이 시기의 아기들은 이미 모국어의 발음에 익숙해진 상태이기 때문에 외국어에만 존재하는 발음이나 말소리는 잘 구분하지 못한다. 예를 들어 상대에게서 낯선 외국어가 들리면 입을 주로 쳐다보지만 모국어가 들리면 눈에도 주의를 기울인다. 이미 익숙해진 모국어 소리를 처리하는 데에는 입 모양 같은 추가 정보가 없어도 괜찮기 때문이다. 대신 아기들은 상대방의 눈을 보면서 상대 시선의 방향 같은 사회적 작용에 필요한 정보를 얻는다. 따라서 아주 어린 신생아가 아니라면 상대의 입이 마스크로 가려져도 언어를 이해하는 데 심각한 방해를 받지 않을 것이다.

종종 예능 프로그램에 출연한 연예인들이 입 부분만 투명한 마스크를 쓰고 나오기도 한다. 이와 마찬가지로 아기들에게 더 많은 언어 정보를 주기 위해 산후조리원이나 어린이집 근무자들도 입 주변만 투명한 마스크를 쓰는 경우가 더러 있다. 하지만 이런 투명 마스크가 오히려 아이들에게 안 좋은 영향을 줄 수도 있다.

생후 24개월 전후의 아기들은 상대가 마스크를 썼다고 해도 말을 잘 이해한다. 게다가 마스크를 쓴 사람과 쓰지 않은 사람의 말도 큰 차이 없이 잘 이해한다. 하지만 투명한 마스크를 쓴 사람이 하는 말은 이해하는 데 어려워한다. 투명한 마스크를 쓰면 입과 코가 잘 보이기 때문에 마스크를 쓰지 않은 상태와 비슷할 것 같지만 오히려 아이들의 언어 이해를 방해한 것이다. 그 이유는 마스크의 투명

•: 입 부분이 투명한 마스크가 빛을 과도하게 반사하거나 굴절시키면 오히려 아이들의 언어 이
해를 방해할 수도 있다.

한 부분이 빛을 반사하거나 굴절시켜서 시각 정보를 미묘하게 왜곡
하기 때문이다.[31]

반면 성인들은 일반 마스크보다 부분 투명 마스크를 더 선호한
다.[32] 성인들은 맨얼굴이나 투명 마스크를 쓴 얼굴이나 말소리를
알아듣는 데 차이를 느끼지 않기 때문이다.[33] 투명 마스크는 의사
소통과 언어 학습에 도움이 되지만 어린 아기들의 언어 정보 처리
능력은 시각 정보의 작은 왜곡에도 영향을 받는다. 아기들이 방해
를 받지 않으려면 마스크가 얼마나 더 투명해야 하는지에 대해서는
연구가 더 필요하다.

정리하면 마스크를 쓰지 않은 맨얼굴을 상대할 때 아이들의 언어 이해 및 학습에 더 도움이 되는 것은 맞다. 하지만 아기들이 항상 마스크를 쓴 얼굴만 보는 것은 아니기 때문에 혹시 마스크 착용이 아이들의 언어 학습을 심각하게 방해하지 않을까 하는 우려는 접어 두어도 되겠다. 게다가 아기들이 어느 정도 성장하면 마스크를 쓴 사람과의 대화도 무리 없이 이해하게 된다.

물론 예외도 있다. 청각 장애를 가진 아이들은 마스크 때문에 입 모양을 보지 못하면 언어 학습에 지장이 생긴다. 또한 언어 발달 장애를 가진 아이들의 경우 마스크 착용이 어떤 영향을 줄지에 대해서도 더 알아봐야 한다.

마스크가 표정을 가려도 정서 파악이 가능한 이유

우리의 얼굴은 언어뿐 아니라 표정을 통해서도 감정을 전달한다. 생후 몇 개월 되지 않은 신생아들도 표정을 구분할 수 있고 12개월이 지나면 보호자의 표정을 읽고 그에 따라 행동을 조절하는 법을 배운다. 아기들은 일찍부터 정서 표현을 읽고 거기에 반응하는 법을 배우지만, 연구자들은 마스크 착용이 일상화된 팬데믹 시기에도 아이들의 정서 학습은 크게 방해받지 않을 것이라고 본다.

신생아들은 초점을 정확히 맞추지 못하기 때문에 세상이 흐릿

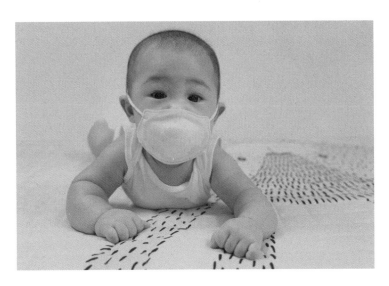

●: 마스크 착용의 일상화가 정서 학습에 미치는 영향은 아이들의 나이에 따라 다르다.

해 보인다. 그래서 정서 읽기를 배울 때 입이나 코 모양 같은 시각적 단서에만 의존하지 않고, 상대방의 웃음소리나 감정이 섞인 과장된 목소리 같은 청각 정보도 중요하게 이용한다.

　3~5세 아이들은 아직 마스크 쓴 얼굴의 정서를 읽어 내는 데 어려움을 느낀다.[34] 하지만 어느 정도 성장한 학령기 아이들은 상대의 얼굴이 마스크나 선글라스로 일부 가려지더라도 어떤 감정 상태인지 비교적 정확하게 읽어 낼 수 있다.[35] 물론 아이들의 연령이나 어떤 종류의 정서를 판별하느냐에 따라 조금씩 다른 연구 결과가 나올 수 있다.

마스크 착용이 의무화된 후 상대의 얼굴에서 정서를 읽어 낼 때 성인은 마스크로 가려지지 않은 눈과 주변 영역에 많이 의존하는 경향을 보였다.[36] 게다가 마스크를 쓰지 않은 상대의 감정을 읽을 때도 눈과 주변 영역에 더 주의를 기울이는 것으로 나타났다. 코로나19로 인해 마스크 착용이 의무화된 후 수개월 만에 정보 처리 방식이 유연하게 변한 것이다.

마스크를 쓴 얼굴 사진을 보고도 어느 정도 정서를 파악할 수 있다면 일상에서는 더 잘 파악할 수 있다. 실제 세상에서는 얼굴뿐 아니라 말투, 몸짓, 상대가 처한 상황 등 정서 읽기에 활용할 수 있는 정보가 더 풍부하기 때문이다. 교사처럼 마스크를 쓴 채 아이들과 상호 작용을 많이 하는 사람이라면, 표정 외에 정서를 전달할 수 있는 것들을 풍부하게 사용하면 도움이 될 것이다.

백신 접종 후유증,
왜 나만 유독 더 아플까?

나는 처음 코로나19 백신을 맞았을 때 며칠 동안 팔이 뻐근했던 것 외에는 다른 부작용을 겪지 않았다. 어디선가 나이가 어릴수록 접종 후유증이 심하다는 이야기를 듣고서는 '이제 나도 나이가 들었음을 인정할 수밖에 없구나' 싶었다. 2차 접종 후에는 피로가 느껴졌는데 주말 동안 푹 쉬고 나니 증상은 사라졌다.

하지만 내가 과연 백신 접종 때문에 피곤했던 것인지 의문이 들었다. 먼저 접종한 주변 지인들의 이야기를 들어 보니, 열이 나서 하루 종일 누워 있었다는 후기가 가장 많았다. 나는 정신을 못 차릴 정도로 피곤해진 것은 아니었다. 어쩌면 실제로는 전혀 피곤하지

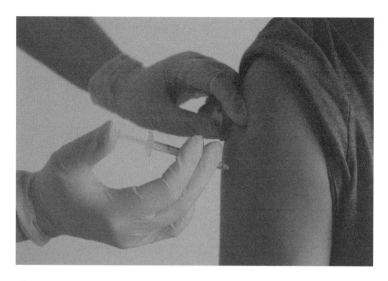

•᛭ 백신 접종 후유증이나 부작용을 걱정하는 사람도 많다. 하지만 백신은 감염 위험을 줄이고 확진되더라도 위·중증으로 이어지는 걸 막아 준다.

않았는데 후유증 이야기를 여러 번 듣다 보니 가짜 피로를 느꼈을 수도 있다. 그도 아니면 그저 평소보다 조금 더 피곤한 하루를 보낸 것일 뿐인데 그 원인을 백신에게 돌린 것일 수도 있다.

뇌의 해석에 따라 느껴지는 감각이 다르다

우리가 보고 듣고 느끼는 것은 뇌가 해석한 결과이다. 뇌가 어떻게 해석하느냐에 따라 눈앞에 있는 것을 보지 못하기도 하고, 실제로는 없는 것을 보기도 한다.[37] 고통 같은 감각도 비슷하다. 실제

내 몸에 가해지는 물리적 자극을 있는 그대로 느낀다기보다는 뇌가 해석하는 대로 느끼는 것이다. 백신 접종 후유증 때문에 실제로 몸이 아픈 경우도 있지만, 어떤 이들은 내가 아플 것이라는 예상과 기대 때문에 아픔이 느껴지는 것일 수도 있다.

fMRI는 뇌의 구조와 기능을 촬영할 수 있는 대표적인 뇌 영상 장비로, 건강 검진 때 사용하는 MRI 장비와 똑같다. 다만 검진 때는 주로 뇌의 3차원 구조를 촬영한다면 뇌 과학 실험에서는 구조와 함께 뇌가 어떻게 반응하는지도 함께 찍을 수 있다.

fMRI는 강력한 자기장을 만들어 낸다. 실험에서 가장 많이 이용되는 세기는 3T(테슬라) 정도인데, 지구 자기장의 약 6만 배에 해당한다. 이처럼 강력한 자기장 속에 들어가면 우리 몸에 어떤 이상이라도 생기는 게 아닐까 우려될 수 있다. 그러나 아직 fMRI 촬영에 따른 부작용이 알려진 바는 없다. 3T보다 훨씬 강력한 자기장 속에서 어지럼증이나 메스꺼움을 느끼는 사례가 보고되긴 했지만, 연구에 사용되는 3T 수준에서는 이상 증상을 느끼는 경우가 많지 않다.

그런데 미국의 한 연구에서, fMRI 장비에 들어간 사람들의 약 45%가 이상 증상을 보였다고 보고했다.[38] 흥미로운 점은 이 연구가 장비의 전원이 꺼진 상태에서 진행되었다는 사실이다. 즉, 절반 가까운 참가자가 느낀 이상 증상은 자기장이 아니라 자기 스스로 만들어 낸 것이었다.

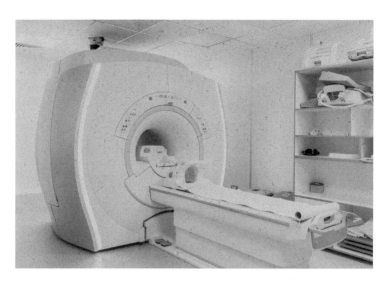

• 전원이 꺼진 fMRI 장비에 들어가서 어지럼증이나 메스꺼움을 느낀 사람은 자기 뇌에게 속은 것이나 다름없다.

마찬가지로 고통도 뇌의 해석에 따라 다르게 느껴질 수 있다. 물론 고통에 대한 사람들의 반응을 조사하기 위해 직접 때리거나 위해를 가할 수는 없다. 대신 사람이 견딜 수 있는 정도의 열을 참가자의 피부에 가하는 방식을 이용한 연구가 있다. 실험 참가자의 한쪽 다리에 40~50도의 열을 가하면 고통에 반응하는 여러 뇌 영역이 반응을 한다. 이때 고통의 크기, 즉 다리에 가해지는 열의 온도에 따라 어떻게 반응하는지 살펴보았다.[39]

그런데 이때 고통에 대한 사람들의 생각을 바꿔 주면 실제 느끼는 고통의 정도도 달라진다. 이 실험에서는 참가자들의 다리에 열을 가하기 전 미리 신호를 줬다. 온도가 달라질 때마다 다른 신호를 주었더니 참가자는 어떤 신호에 어느 정도의 열이 가해질지 파악하게 되었다. 그러고 나서 연구자들은 신호와 열의 정도를 뒤바꿔 보았다. 50도의 열이 가해질 거라 신호를 주고서는 40도의 열을 가하거나, 40도의 열이 가해질 거라 신호를 주고는 50도의 열을 가하는 식이었다.

그랬더니 참가자들 모두 실제 온도가 아니라 신호대로, 자신이 예측하고 기대한 정도로 고통을 느꼈고 뇌의 반응도 그렇게 나타났다. 물리적으로 가해진 자극이 아니라 내가 기대한 정도에 따라 뇌가 반응했다는 의미다.

우리가 예측하고 기대하는 만큼 아프다

코로나19 백신을 접종한 사람들 사이에서도 이와 비슷한 현상을 찾아볼 수 있다. 백신의 부작용으로 고열, 피로, 두통 등이 있다. 한 연구에서 미접종자에게 백신의 부작용으로 알려진 7개 증상을 설명해 주고 백신을 맞았을 때 어떤 후유증을 겪게 될지 예상해 보라고 했다.[40] 그러고 나서 이들이 백신을 접종한 후 실제로 어떤 후유증을 겪는지 추적 조사했다. 그 결과 설문 조사에 답한 예상 후유증과 실제 겪은 후유증이 상관관계를 보였다. 실제로 겪을 후유증을 예측할 때 백신의 종류나 연령대보다 후유증 예상치가 더 효과적인 요인인 것이다.

이러한 결과가 코로나19 백신 후유증이 모두 우리 뇌에서 만들어 낸 가짜라는 의미는 아니다. 또한 간절히 원하고 생각하면 이루어진다는 자기계발서 같은 이야기도 아니다. 개인마다 후유증이 클수도, 나처럼 가벼울 수도 있다. 하지만 사전에 어떻게 믿고 기대하느냐에 따라 후유증을 심하게 혹은 약하게 겪도록 만들 수 있다는 이야기다.

백신 접종 시 심리적 상태 또한 중요하다. 같은 종류의 백신을 접종한다고 해서 모두에게 동일한 수준의 항체가 생성되는 것은 아니다. 똑같은 백신을 맞았어도 스트레스 수준이 높으면 항체가 잘 형성되지 않는다. 의대생들을 대상으로 한 실험을 살펴보자. 의대생은 3일 연속 이어지는 시험을 학기 중에 여러 번 봐야 한다. 이때 마지막 날마다 B형 간염 백신을 접종하고 상태를 지켜봤다.[41] 시험 3일째를 맞는 의대생들은 대부분 극심한 스트레스를 겪겠지만 그 정도는 개인마다 차이가 있다. 그런데 똑같은 간염 백신을 동일한 간격으로 접종했는데도 스트레스 수준이 낮은 의대생들에게서 먼저 항체가 형성되었다.

코로나19 팬데믹 시기에 너무도 많은 사람이 스트레스를 받고 우울감을 느꼈다. 덕분에 '코로나 블루' 증상이 유행했을 정도다. 백신 접종은 감염의 위험을 낮추고 감염되더라도 중증으로 이어질 가능성을 낮춰 준다. 그런데 코로나19에 대한 극심한 불안, 두려움, 스트레스가 이러한 백신의 효과를 낮출지도 모른다. 또 거리 두기와 격리로 인해 사회적으로 고립되고 외롭다고 느끼면 백신의 효과가 줄어들 가능성이 있다.[42, 43]

　이제는 백신 접종자가 미접종자보다 많다. 하지만 시간이 지남에 따라 백신 효과가 저하되므로 추가 접종이 필요하다. 추가 접종을 하러 가기 전에 달리 생각해 보자. 이전에 접종 후유증으로 고생했더라도 다음에는 별 탈 없이 넘어갈 것이라고 기대하고 예측하면, 추가 접종 때는 좀 더 수월하게 넘어갈 수 있을 것이다.

수월할 줄 알았던 자가 격리가
못 견디게 지루한 이유

2022년 3월, 최대 일일 확진자 수가 60만 명을 넘어서면서 자가 격리 대상자도 폭발적으로 늘어났다. 재택 치료 체재가 본격적으로 도입되기 전에는 비교적 자가 격리 단속이 철저했고 덕분에 자가 격리 중 몰래 외출했다가 적발되는 사람도 많았다. 이때 격리 지역을 무단이탈한 사람들은 온갖 참신한 핑계를 대기도 했다.

일부 사람들은 격리 기간 동안 출근할 필요도 없으니 푹 쉬면서 책이나 영화만 보면 되는데 왜 무단이탈을 하는지 모르겠다며 이들을 비난하기도 했다. 하지만 대체로 사람은 아무 일도 하지 않는 것을 즐거워하기보다 오히려 답답함을 느끼고 스트레스를 받는다. 실

∵∴ 지루함을 잘 견디는 사람은 자기 자신을 잘 통제하고 방역 수칙도 잘 지킬 가능성이 높다.

제로 지루함을 많이 느끼는 사람일수록 자기 자신을 잘 통제하지 못하고 사회적 거리 두기 수칙을 더 많이 위반할 가능성이 높은 것으로 나타났다.[44]

지루한 게 제일 싫어!

인간은 지루함을 싫어한다. 그런데 과연 어느 정도로 싫어하는 걸까? 연구자들은 이를 알아보기 위해 아무런 외부 자극도 없고 할 일도 없는 상태에서 사람들이 어떤 반응을 보이는지 조사했다. 물론 딱히 실험해 보지 않아도 할 일 없이 가만히 있는 것을 즐기지 않을 거라 예상할 수 있다. 그런데 이런 상황에서 사람들이 보인 행동은 조금 예상 밖이었다.

　연구자들은 실험에 참가한 대학생들을 홀로 빈방에 들여보내고 아무 생각이나 하면서 시간을 보내도록 했다. 딱히 할 일은커녕 스마트폰도 없이 10여 분을 가만히 보내는 동안 학생들 대부분은 지루함과 부정적인 경험을 했다고 느꼈다.[45] 하지만 이런 학생들에게 스스로 전기 충격을 줄 수 있는 기회를 제공해 보았다. 물론 실험에 사용된 전기 충격은 심한 고통을 줄 정도는 아니었지만 그래도 전기 충격을 피하기 위해 돈을 낼 의사가 있다고 답할 정도는 되었다. 그런데 실험 참가자 중 절반 이상의 학생이 아무것도 하지 않고 시간을 보내는 것보다 자기 자신에게 전기 충격을 주는 쪽을 선택했다. 한 참가자는 15분 동안 무려 190번이나 스스로 전기 충격을 가하기도 했다. 이런 결과만 봐도 사람들은 홀로 생각에 잠겨 있는 것보다 외부 자극을 찾는 걸 더 좋아한다고 볼 수 있다.

몰입은 행복감을 높여 준다

　너무 바빠서, 일이 많아서, 힘들어서 가끔 아무것도 하지 않은 채 그저 쉬고만 싶다고 생각하는 사람이 많다. 하지만 의외로 아무것도 하지 않거나 수면을 통해 느끼는 행복감은 기대만큼 크지 않

∴ 사람들은 아무것도 하지 않고 가만히 있는 것보다 자신한테 전기 충격을 가하는 걸 택할 정
도로 지루함을 견디기 힘들어한다.

다. 한 연구에서 실험 참가자들에게 임의의 시간에 모바일 앱 알람을 보내서 지금 무엇을 하고 있으며 또 얼마나 행복한지 물어봤다.[46]

  83개국에서 청소년부터 노인까지 다양한 연령대의 사람들이 이 조사에 참가했는데, 쉬고 있을 때의 행복감은 일하고 있을 때와 크게 차이 나지 않았다. 시도 때도 없이 울린 앱의 알람 때문에 잠에서 깨거나 휴식을 방해받아도 행복감은 그리 낮게 나오지 않았

다. 그리고 사람들이 가장 행복하다고 답한 때는 성관계를 할 때였다. 사랑을 나누는 도중에는 모바일 앱 알람이 울려도 행복감이 떨어지지 않았다. 그다음으로 사람들이 행복해하는 행위는 운동이나 산책, 다른 사람들과의 대화, 종교 활동, 음식 섭취 등이었다. 하지만 어떤 활동이든 현재 하고 있는 일에 몰입하지 못하고 딴생각을 많이 하면 행복감을 덜 느꼈다.

자가 격리는 당연히 힘든 일이다. 코로나19 확진자와의 밀접 접촉으로 인해 감염되었을지 모른다는 불안, 사람들과 교류하지 못하는 외로움, 만족스럽지 못한 식사 등 다양한 이유 때문이다. 여기에 더해 외부 자극도, 아무 할 일도 없는 상태에서 멍하니 딴생각하는 걸 별로 즐기지 않는 인간의 본성 역시 자가 격리를 더 어렵게 만든다. 만약 여러분이 자가 격리를 하게 된다면 가만히 누워 있기보다는 당장 귀찮더라도 뭔가 몰두할 수 있는 거리를 찾는 것이 스트레스를 줄이는 방법이다.

방역 수칙을 잘 지키게 만드는
뇌 과학적 방법은?

웹툰 원작의 넷플릭스 드라마 〈지옥〉의 한 장면을 들여다보자. 드라마 속 세상에서는 천사가 나타나 불특정인에게 사망 시각을 '고지'해 준다. 그리고 예고된 시간이 되면 괴물들이 나타나 고지받은 사람의 목숨을 앗아 간다. 그런데 인터넷에 올라온 드라마 후기 중에는 '본인이나 가족이 죽는다고 예고를 받은 날에도 출근해야만 하는 극중 인물들의 상황이 제일 무섭다'는 웃픈 후기도 있었다.

코로나19 팬데믹 초기인 2020년 3월 미국에서 실시한 설문 조사에서는 약 40%의 사람들이 사회적 거리 두기에 협조하지 않았다고 답했다.[47] 사회적 거리 두기에 가장 비협조적인 연령대는

∵ 코로나19 팬데믹 때문에 우리의 출근길 풍경도 완전히 달라졌다.

18~31세의 비교적 젊은 층이었는데, 동시에 코로나19에 대해 가장 큰 불안감을 보인 연령대이기도 하다.

이들이 사회적 거리 두기를 지키지 않은 가장 대표적인 이유는 바로 '직장에 나가야 하기 때문'이었다. 미국의 설문 조사였지만 우리나라에서 실시했어도 크게 다르지 않았을 것 같다. 어떤 상황에서도 반드시 출근해야 하는 건 드라마 속 이야기만은 아니니까 말이다.

이 외에도 사회적 거리 두기로 인한 심리적, 신체적 스트레스를 줄이기 위해 밖에 나가 사람들을 만나거나 다양한 활동을 할 수밖에 없었다는 답변도 많았다. 그리고 스스로 손 소독과 방역 조치를 철저히 잘하고 있어서 돌아다녀도 괜찮다거나 코로나19 감염은 언론에서 호들갑을 떠는 것에 불과하기 때문에 무시했다는 답변도 있었다.

누가, 왜 사회적 거리 두기를 지키지 않는가

사람들이 평소에 얼마나 사회적 거리 두기를 잘 지키는지 일일이 따라다니며 관찰하는 것은 불가능하다. 그래서 여러 연구에서는 설문지를 이용해 직접 물어보거나, 스마트폰의 GPS를 이용해 실제로 사람들이 얼마나 돌아다녔는지 추적한다. 혹은 신용 카드 사용 데이터를 활용하기도 한다.

한 연구에서는 정치에 대한 지역민의 신뢰도와 사회적 거리 두기 협조 정도가 상관관계를 보이기도 했다. 코로나19 팬데믹 이전에 조사한 정치 신뢰도를 기준으로, 신뢰도가 높게 나온 지역의 사람들은 팬데믹 동안 이동량을 줄이고 사회적 거리 두기에 더 잘 협조하는 것으로 나타난 것이다.[48]

평소에 주로 접하는 정보의 종류와 사회적 거리 두기 참여 정도도 상관관계를 보였다. 언론 매체마다 코로나19를 다루는 태도는 조금씩 다를 수 있고, 같은 방송사나 신문사 안에서도 프로그램마다 약간씩 차이가 있을 수 있다. 그런데 코로나바이러스의 위험성이 심각하지 않은 것처럼 다루는 텔레비전 프로그램을 즐겨 보는 시청자 중에서 확진자가 더 많이 발생했다.[49] 이는 미디어의 영향으로 코로나에 감염될 수 있는 행동을 더 많이 했기 때문인 것으로 보인다.

과학적 사실에 대한 믿음 정도도 사회적 거리 두기 협조 여부와 관련이 있었다. 연구자들은 참가자들에게 '인간의 행동이 기후 변화를 초래했음을 얼마나 믿는지' 물었다. 이를 통해 참가자들이 과학적 사실을 어떻게 받아들이는지 측정하기 위해서였다.[50] 조사 결과, 기후 변화를 믿지 않는 사람일수록 사회적 거리 두기에 비협조적인 경향을 보이는 것으로 나타났다. 과학 정보를 의심하고 잘 받아들이지 못하는 사람들은 코로나19의 위험성이나 거리 두기의 효과 같은 정보에도 회의적이었던 것이다.

사람들의 개인차뿐 아니라 동일인이라도 상황에 따라 거리 두기 참여 정도는 달라진다. 나만 해도 팬데믹 초기에는 식당에도 가지 않고 항상 도시락을 싸 가지고 다니면서 혼자서 식사를 했다. 하지만 어느 정도 시간이 흐르자 이제는 조금 이르거나 늦은 시간을 골라 식당에도 간다. 비록 확진자 수가 많이 늘고 더 강력한 변이 바이러스도 등장했지만, 시간이 지나면서 거리 두기에 지치고 긴장도 풀어졌기 때문이다.

전 세계 20만 명 이상을 대상으로 6개월 동안 실시한 설문 조사와 124개국에서 스마트폰을 활용해 사람들의 이동 패턴을 조사한

결과, 시간이 지날수록 사람들은 피로감에 잠식되어 가는 것으로 나타났다.[51]

조사 초반에는 많은 사람이 사회적 거리 두기를 지키고 이동량도 줄여서 방역 지침을 잘 준수했다. 하지만 시간이 지날수록 사람들은 더 많이 돌아다니거나 모임에 참석했으며 거리 두기는 점점 느슨해졌다. 남성보다 여성이, 젊은이보다 노인이 거리 두기에 좀 더 협조적이었다.[52, 53] 이러한 결과는 위험을 추구하는 경향성이 여성과 노인에게서 더 낮다는 다른 연구의 결과들과 일관된다. 하지만 시간이 지날수록 점점 거리 두기가 느슨해지는 것은 남녀노소 모두 같았다.

반면에 마스크 착용은 시간이 지날수록 점점 증가해 습관으로 굳어졌다. 하지만 사람들을 만나지 않는 것, 돌아다니지 않는 것은 시간이 지나도 습관이 되지 않았다. 오히려 거리 두기 기간이 길어질수록 더 사람들과 만나거나 돌아다니고 싶어진 것이다.

우리는 누구의 메시지에 더 귀를 기울이나

우리의 행동은 상황에 따라 다르게 나타날 수 있기 때문에 하나의 원인으로 설명하기는 불가능하다. 앞서 소개한 것들 외에도 개인의 정치 성향, 성격, 경제적 상황 등 다양한 요인이 사회적 거리 두기 협조 여부와 관련이 있는 것으로 나타났다.[54, 55, 56, 57] 그러므로 사람마다 사회적 거리 두기를 잘 지키는 원인, 또는 잘 지키지 않는 원인이 다르다면 거리 두기 지침은 내용과 전달 방식에 따라 효과가 서로 다르게 나타날 것이다.

퓨리서치센터Pew Research Center에서 진행한 설문 조사에 따르면 미국의 민주당 지지자들 중 94%가 코로나19 확진자를 줄이는 것이 경제를 살리는 방법이라고 답했다. 반면 공화당 지지자들 중 민주당 지지자와 같은 입장을 보인 것은 절반 정도였고, 나머지 절반은 경제를 살리려면 확진자 감소 여부와 상관없이 사람들이 직장으로 복귀하고 가게를 열어야 한다고 답했다.[58]

이처럼 서로 다른 가치관을 가진 사람들을 설득하려면 사회적 거리 두기의 효과를 서로 다른 방식으로 강조하는 게 좋다.[59] 집단에 따라 사회적 거리 두기를 코로나19 감염 예방법, 혹은 신속한 경제 활성화 과정으로 강조하는 것이다. 이처럼 서로 다른 부분에 초점을 맞춰 메시지 내용을 마련하면 더 효과적일 수 있다.

메시지의 내용도 중요하지만 그 메시지를 누가 전달하느냐도 중요하다. 인터넷 뉴스에 달린 익명의 댓글보다 예방 의학과 의사의 말에 믿음이 더 가는 것처럼 말이다. 코로나19 관련 뉴스에 자주 등장해서 국내 시청자들에게도 친숙한 미국 국립 알레르기전염병연구소 소장 앤서니 파우치Anthony Fauci 박사가 사회적 거리 두기를 실행해야 한다고 강조했을 때 사람들은 그 메시지를 다른 사람과 더 많이 공유하는 경향을 보였다.[60] 거리 두기 메시지를 다른 이에

메시지의 내용도 중요하지만 메신저(Messenger)의 권위나 인지도에 따라 영향력도 달라진다. 흔히 말하듯 '무게감'이 달라지는 것이다.

게 전달하는 것과 실제 거리 두기를 실천하는 것에는 차이가 있지만, 메시지 공유와 거리 두기 협조는 어느 정도 상관관계를 보인다고 할 수 있다.

파우치 박사 다음으로는 할리우드 배우 톰 행크스와 이름을 특정하지 않은 정부 관계자의 메시지가 효과적인 것으로 나타났다. 물론 유명인이 하는 말이라고 해서 모두 효과적인 것은 아니다. 같은 내용의 메시지이지만 유명 방송인 킴 카다시안Kim Kardashian의 이름이 붙으면 효과가 떨어졌던 것이다.

이상의 내용을 토대로 가장 효과적인 정보 전달자를 꼽아 보면 전문가, 정부 기관, 유명 인사 순으로 정리되는 것처럼 보인다. 하지만 몇 명의 유명인과 전문가 사례만 조사한 연구 결과로 어떤 메신저가 가장 효과적인지 결론을 내리기는 어렵다. 파우치 박사보다 덜 유명한 전문가가 메시지를 전해도 똑같은 효과가 발휘될지 알 수 없다. 마찬가지로 톰 행크스가 코로나19에 확진된 적이 있기 때문에 그의 메시지가 더 힘을 발휘하는 건지도 모른다. 그래서 어떤 사람이 가장 효과적인 정보 전달자인지는 연구가 더 필요하다.

그럼에도 불구하고 사람들에게 보다 큰 영향을 주려면 정보의 내용과 함께 전달자도 고려해야 할 필요가 있음을 확인할 수 있다. 또 대상의 연령대나 집단의 정치적 성향 등에 맞춰 서로 다른 유명인과 전문가가 나서야 할 수도 있다. 세상의 수많은 사람이 저마다의 이유로 사회적 거리 두기에 동참하지 않는다면 이들을 변화시키기 위해서 서로 다른 맞춤형 접근법도 필요할 것이다.

인지 능력이 높을수록
방역 수칙을 잘 지킨다?

언젠가 내가 골목길을 걸어가고 있는데 맞은편에서 마스크를 턱에 걸친 사람이 다가오고 있었다. 바람이 부는 실외에서 충분한 거리를 두고 떨어져 있으면 코로나바이러스에 감염될 위험은 크지 않다는 사실을 머리로는 이해하면서도 괜히 신경이 쓰이는 것은 어쩔 수 없었다.

　도로, 공원, 산길 등 인적이 드문 야외에서라면 잠깐씩 마스크를 내리는 것도 이해 못 할 건 없다. 나 역시 아무도 없는 길에서는 잠시 마스크를 내리고 김이 서린 안경을 닦은 적이 있으니까. 하지만 누구나 한 번쯤 지하철이나 버스, 공공장소처럼 사람이 많은 실

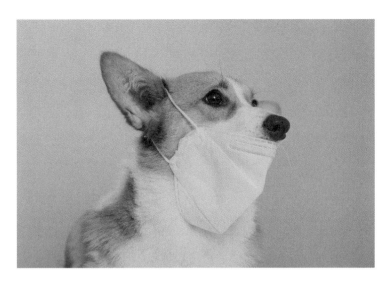

●ᵖ 공공장소든 휑한 야외든 마스크를 코 밑으로 내려 쓴 사람을 만나면 눈살이 찌푸려질 수밖에 없다.

내에서 턱스크(마스크를 턱에 걸쳐 쓰는 것), 코스크(마스크를 코 밑으로 내려 쓰는 것) 한 사람을 마주친 적이 있을 것이다. 그들은 대체 왜 마스크를 제대로 쓰지 않는 걸까? 단순히 자기만 편하면 된다는 이기심 때문에? 배려심이 부족해서?

사회적 거리 두기에 협조적인 사람들의 특징

대체 어떤 사람들이 사회적 거리 두기에 더 협조적인지 알아보기 위해 미국에서 조금 의외의 실험을 진행했다. 사람들의 작업 기억Working Memory 용량을 측정한 것인데,[61] 작업 기억이란 짧은 시간 동안 정보를 저장하고 조작하는 인지 기능이다. 예를 들어 인터넷 뱅킹 서비스를 이용하기 위해 문자 메시지로 받은 인증 번호를 잠시 머릿속에 담아 두는 일이 바로 작업 기억을 사용하는 것이다.

연구자들은 참가자들에게 다양한 색으로 칠한 여러 개의 사각형을 보여 주고 각각의 색을 1초 동안 기억하도록 했다. 고작 1초 동안 색을 기억하는 단순한 과제였지만 기억해야 할 색의 수가 많아지면 결코 쉽지 않다. 보통 4~5가지 색을 기억할 수 있지만 개인차에 따라 더 많이, 혹은 더 적게 기억한다. 이 차이를 통해 시각 정보를 한 번에 처리할 수 있는 작업 기억의 용량을 측정할 수 있다.

실험 결과 작업 기억 용량이 큰 사람들, 그러니까 사각형의 색을 더 많이 기억할 수 있었던 사람들은 대체로 사회적 거리 두기에도 협조적인 것으로 나타났다. 색깔을 1초 정도 잘 기억하는 것과 사회적 거리 두기는 대체 무슨 관계가 있는 걸까?

정보를 짧은 시간 동안 유지하는 우리 뇌의 기능은 다양한 정보처리의 기본이며 작업 기억은 정보를 저장하는 것과 함께 정보를 조작하는 기능도 지원한다. 작업 기억 용량이 크고 효율적으로 작동한다는 것은 컴퓨터에 비유하자면 램RAM, Random Access Memory의 용량이 큰 것과 비슷하다. 오래된 컴퓨터로 인터넷 창을 여럿 열고 음악을 들으면서 문서 작업을 해 본 사람이라면 램의 용량이 컴퓨터의 처리 속도에 얼마나 큰 영향을 미치는지 알 수 있다. 우리 뇌에서도 작업 기억이 효율적으로 정보를 처리하지 못하면 단순히 사각형의 색을 기억하는 것뿐 아니라 새로운 것을 배우고 판단하고 추론하는 복잡한 인지 기능을 수행하는 데 방해를 받는 것이다.

모든 사람이 사회적 거리 두기에 협조하면 코로나바이러스 확산을 효과적으로 줄일 수 있다. 이는 장기적으로 모두에게 이득이지만 당장은 불편을 감수해야 한다. 반대로 사회적 거리 두기를 지키지 않고 어디든 나가고 누구든 만나면 개인적으로는 답답함과 불편함이 없다는 이득이 된다. 하지만 사회 전체적으로는 코로나바이러스의 전파를 막기 힘들어진다는 손해가 발생한다.

마스크 착용 역시 개인적으로는 불편할 수 있지만 모두가 협조하면 사회적으로 더 큰 이득을 얻을 수 있다. 나는 마스크를 쓰지 않더라도 다른 모두가 마스크를 잘 쓰면 코로나19 감염의 위험도 그리 크지 않을 것이다. 결국 마스크 착용을 거부할지, 사회적 거리 두기에 협조할지 결정하려면 사회와 개인의 이득과 손해를 모두 고려해야 한다. 작업 기억 용량이 큰 사람들은 사회적 거리 두기가 가져올 장점과 단점을 더 정확하게 평가하고 비교할 수 있다. 결과적으로 이득과 손해를 저울질하고 장기적으로 더 큰 이득인 쪽을 택할 가능성이 높아지고 사회적 거리 두기에도 더 협조적인 경향을 보이게 된다.

물론 작업 기억만으로 모든 것을 설명할 수는 없다. 마스크를 턱에 걸친 채 맞은편에서 걸어오는 사람 모두가 사각형 색깔을 제대로 기억하지 못하는 사람이라는 뜻은 아니다. 사회적 규칙을 얼마나 잘 지키는지에 대해 영향을 미치는 요인은 작업 기억 용량 외에도 많다. 예를 들어 정치적 성향이나 위험에 대한 민감도 등 개인성향 차이는 사회적 거리 두기 협조 정도와 관련이 있고,[62] 정부 정책의 기조나 방식에 따라 사람들의 협조 여부도 크게 달라질 수 있다.[63]

그럼에도 불구하고 작업 기억 용량처럼 간단하게 측정할 수 있는 과제로도 과연 사람들이 얼마나 사회적 규칙을 따를지 예측할 수 있다는 점은 주목할 만하다. 결국 복잡한 인간의 사회적 행동을 이해하려면 개인의 성격이나 믿음, 정치적 성향 같은 개인적 요인뿐 아니라 작업 기억 용량처럼 간단히 측정할 수 있는 기본적인 인지 기능 역시 고려할 필요가 있는 것이다.

우리 뇌가 쉽게 이해하고 처리할 수 있어야 한다

기본적으로 연구자들은 인간이 왜 사회적 규칙을 따르거나 거부하는지 밝히고 싶어 하지만 그와 동시에 행동의 변화를 이끌어내는 것에도 관심이 있다. 즉, 어떻게 하면 사람들이 사회적 규칙을 더 따르도록 만들 수 있을까?

작업 기억 능력과 관련이 깊은 뇌 영역은 전전두피질Prefrontal Cortex인데 이 부위는 작업 기억뿐 아니라 불필요한 정보를 걸러 내

•᛫ 대개 사람들은 반반씩 나누어야 사회적으로 공평하다고 생각하기 마련이다.

는 기능, 부적절한 행동을 억제하는 기능, 주의를 통제하고 의사 결정을 하는 데 깊이 관여하고 있다. 그런데 이처럼 다양한 기능을 하는 전전두피질의 활동을 조작하면 사람들로 하여금 사회적인 규칙을 따르거나 거부하게 만들 수 있다.[64]

　한 실험에서 연구자들이 참가자들에게 돈을 나눠 주고 다른 사람과 나눠 가지도록 했다. 이 참가자들은 받은 돈에서 자신이 가질 액수와 다른 사람에게 나눠 줄 액수를 마음대로 정할 수 있지만, 이때 조건은 돈을 나눠 받은 사람이 만족하지 못하면 벌금을 내야 하는 것이었다. 내가 공짜로 얻은 것을 나눠야 하는 상황에서 많은 이가 절반 가까운 돈을 나눠 주는 것이 사회적으로 공평한 규칙이라고 생각했다.

그런데 실험 참가자의 뇌에 약한 전류 자극을 줘서 전전두피질의 활동을 증가시키면 공평하다고 여기는 사회적 규칙에 따라 상대방에게 적절한 금액을 건넸다. 하지만 전류 자극을 통해 전전두피질의 활동을 방해하면 자신이 더 많은 돈을 갖고 상대방에게는 적은 돈만 나눠 주었다. 전전두피질의 활동이 얼마나 활발한가에 따라 암묵적으로 통용되는 사회적 규칙(예를 들면 돈을 비교적 공평하게 나누는 행동)을 따르거나 거부하게 되는 것이다. 이처럼 뇌의 활동을 조절하면 사람들이 좀 더 사회적 규칙을 따르게 만들 수 있지만 그렇다고 사람들의 머리에 일일이 전기 충격을 줄 수는 없는 일이다.

앞서 소개한 작업 기억 용량과 사회적 거리 두기 협조의 관계 연구는 코로나19의 1차 대유행이 시작된 2020년 초에 미국에서 진행된 것이다. 당시는 코로나바이러스에 대해 알려진 것이 많지 않았을 뿐 아니라 어떤 종류의 마스크를 어떻게 써야 할지, 거리 두기는 구체적으로 어떻게 해야 할지 정립되지 않아 혼란스러웠다.

정보가 충분치 않은 상황에서 사회적 거리 두기에 적극 동참할지 결정하는 데에는 많은 정신적 노력이 필요하다. 하지만 지금은 상황이 매우 다르다. 우리나라에서는 여전히 마스크를 대충 쓰는 사람은 있어도 마스크 없이 거리를 활보하는 사람은 찾아보기 어렵다. 복잡한 단계별 사회적 거리 두기 지침도 꽤 익숙해졌다. 이제 마스크 쓰기는 습관이 되었고 정신적 노력이 거의 필요 없는 필수 행동이 되었다.

사회적 규칙에 협조할 것인가 여부를 결정할 때 고려할 정보가 너무 많다면 제한된 작업 기억 용량 때문에 최선을 선택하지 못할 수 있다. 어떤 사람들은 왜 마스크를 제대로 쓰지 않을까? 그리 중요하지도 않은 사적 모임을 굳이 실내에서 가질까? 이런 행동들은 단 하나의 이유로 비롯되는 것이 아니기 때문에 제시할 수 있는 해결책 또한 하나뿐이 아니다.

하지만 앞에서 살펴본 연구 결과처럼, 사회적 규칙을 사람들의 정보 처리 용량 한도 내에서 최대한 간단하고 이해하기 쉽게 알려 주는 것은 효과적인 해결 방안 중 하나임이 분명하다. 또한 사회적 규칙을 따르는 게 습관처럼 굳어져서 인지적 자원을 많이 쓰지 않아도 실천할 수 있도록 하면 좋을 것이다. 이처럼 우리의 인지 기능의 기본적 한계를 고려하는 것은 사회적 거리 두기와 같은 방역 지침뿐 아니라 행동의 변화를 이끌어 내야 할 모든 정책을 세우는 데 필요하다.

사회적 거리 두기는
왜 2미터로 정했을까?

사회적 거리 두기는 대표적인 코로나바이러스 감염 예방법으로 오랫동안 시행되고 있다. 세계보건기구WHO는 '사회적 거리 두기Social Distancing'보다 '물리적 거리 두기Physical Distancing'가 더 적절한 표현이라고 설명하면서, 물리적으로는 사람들과 접촉을 피하고 거리를 두되 사회적으로는 교류를 이어 가며 가까이 지내야 한다고 권장했다. 팬데믹 초기에는 물리적 거리 두기에 충분한 거리가 1미터인지, 그 이상인지를 두고 갑론을박이 있었다. 그렇게 거리 두기 지침은 사람들 사이에 2미터의 간격을 두는 것으로 일단락되었다.

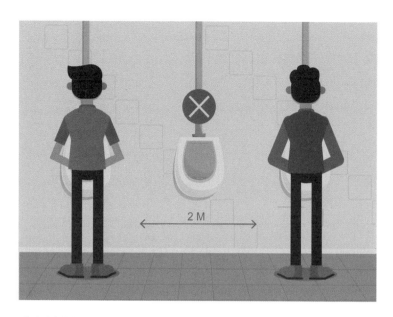

•‥ 화장실에서 소변기를 한 칸 건너뛰면 자연스럽게 거리 두기가 가능해진다.

누구나 자기만의 개인적 공간이 필요하다

사실 우리는 팬데믹 이전부터 누가 시키지 않았지만 자연스레 '거리 두기'를 실천하고 있었다. 소변을 보기 위해 남자 화장실에 들어갔더니 먼저 소변을 보고 있는 사람 옆으로 5개의 빈 소변기가 보인다고 해 보자. 굳이 그 사람 바로 옆에 있는 소변기를 이용하려는 사람은 없을 것이다. 빈 좌석이 많은 지하철도 마찬가지다. 굳이 다른 사람 바로 옆에 찰싹 붙어서 앉을 이는 별로 없다.

이처럼 사람들이 자발적으로 거리 두기를 하는 이유는 사람마다 안전함과 편안함을 느끼는 '개인적 공간'을 지니고 있기 때문이다. 누군가 나의 개인적 공간 안으로 들어오면 위협을 느낀다. 물론 상대가 누구냐에 따라 개인적 공간의 범위는 달라질 수 있다. 맞은편에서 낯선 이가 걸어오면 몇 미터 떨어져 있어도 불편할 수 있지만 나와 '썸'을 타는 사람이라면 얼굴을 가까이 들이밀어도 오히려 설레는 것처럼 말이다. 이처럼 상황에 따라 조금씩 차이가 날 수 있지만 사람들이 평균적으로 느끼는 개인적 공간의 범위는 0.5~1.2미터 내외다.[65, 66] 현재 권장되는 사회적 거리 두기의 2미터보다 약간 작은 범위인 것이다.

불편함을 느끼기 시작하는 타인과의 거리는 개인마다 다르기 때문에 개인적 공간의 범위를 알려면 개개인에게 물어보는 수밖에 없다. 한 연구에서 참가자들에게 낯선 사람이 다가올 때 불편함을 느끼기 시작하는 지점이 어디인지 물어봤다. 실험 결과, 사람들이 느끼는 개인적 공간의 크기는 코로나19 팬데믹으로 인해 사회적 거리 두기가 전면적으로 시행된 이후 더 넓어진 것으로 나타났다.[67] 개인적 공간은 팬데믹 이전에 비해 약 50% 더 확장된 것이다. 게다가 사람들은 낯선 이가 주변에 있을 때 느끼는 불안함과 불편함도 팬데믹 이전에 비해 더 크게 느끼는 것으로 나타났다.

혹시 참가자들이 낯선 사람 때문에 코로나바이러스에 감염될지 모른다고 걱정해서 무의식중에 더 먼 거리를 유지하려 했던 것은 아닐까? 하지만 가상 현실 속에서 컴퓨터 그래픽으로 만들어진 캐릭터가 다가와도 현실에서와 똑같은 결과가 나왔다. 감염 위험이 없는 가상 공간에서도 팬데믹 이전보다 개인적 공간이 더 넓어졌고, 자발적인 물리적 거리 두기의 범위도 늘어난 것이다.

팬데믹 이후 우리는 더 멀어지는 게 편해졌다

개인적 공간의 크기는 사람들의 정신 건강 상태와도 관련이 있다. 예를 들어 조현병 환자는 개인적 공간의 범위가 평균보다 더 넓어서 타인과 거리를 더 두는 편이다.[68] 또 조현병 증상이 심할수록 개인적 공간도 더 넓은 경향을 보인다. 자폐 스펙트럼 장애를 가진 사람은 다른 이의 개인적 공간을 침범하는 데 둔감해서 사회적으로 부적절한 행동을 보이곤 한다.[69]

물론 코로나19 팬데믹 이후 사람들의 개인적 공간 범위의 변화 때문에 자폐 스펙트럼이나 조현병이 생길 수 있다는 의미는 아니다. 그보다는 개인적 공간의 크기가 사회적 행동의 한 단면을 살펴보는 측정 도구가 될 수 있다는 의미다. 즉, 팬데믹 기간 동안 사람들의 사회적 정보 처리 과정에 변화가 생겼고 사람들이 느끼는 개인적 공간도 달라진 것으로 보인다.

코로나19 팬데믹이 끝나면 서로 간의 거리도 원상태로 돌아갈까? 만약 종식 이후에도 이렇게 넓어진 개인적 공간 범위가 유지된다면 어떨까? 아마 오프라인에서 다른 사람을 만나 대화를 나눌 때 상대와 마주하는 거리가 달라질 것이다. 또 카페나 식당의 테이블 간 간격이나 사무실의 자리 배치가 어색하거나 불편하게 느껴질지 모른다.

본격적으로 사회적 거리 두기 지침이 시행된 지 수개월 지나지 않아 개인적 공간의 범위가 이처럼 빠르게 변한 것을 보면, 팬데믹 이후의 환경에도 우리의 뇌는 신속하게 적응할 수 있을 것이다. 물론 비대면 사회에서 대면 사회로 돌아가면 한동안은 미묘한 어색함을 느끼겠지만 말이다.

과학자들도 연구실과
거리 두기를 하고 있을까?

코로나19 백신은 팬데믹 선언 후 1년이 채 지나지 않아 개발되었다. 이는 백신 개발 역사상 가장 빠른 기록이라고 한다. 사상 초유의 사태 속에서 과학자들은 본업에 충실하며 다른 여러 연구도 차질 없이 진행되는 것처럼 보인다. 하지만 연구자도 직업 중 하나다. 수많은 업종을 덮친 코로나19의 여파는 연구 업계도 피해 가지 않았다.

팬데믹 이후 많은 연구와 실험이 중단되다

코로나19 팬데믹 직후인 2020년 봄, 미국과 유럽의 대학교와 연구소에서 근무하는 교수 및 연구 책임자들을 대상으로 설문 조사가 진행되었다.[70] 연구직은 대체로 '워라밸'이 좋은 편이 아니다. 팬데믹 이전에 연구자들은 평균 주 61시간 근무했는데 주 40시간 근무자는 전체의 약 5%밖에 되지 않았다. 그런데 이 조사에서는 응답자의 절반 이상이 팬데믹 이후 근무 시간이 줄었다고 답했고, 평균 근무 시간도 주 54시간으로 짧아졌다.

교수와 연구 책임자의 업무는 주로 연구, 교육, 연구비를 받기 위한 제안서 작성, 기타 행정 업무로 나눌 수 있다. 이 중에서 코로나19 팬데믹 이후 연구 업무에 쓰는 시간이 가장 두드러지게 줄어들었다. 물론 연구 분야마다 차이는 있다. 전용 실험 장비와 화학 물질을 다루는 것처럼 실험실에서만 진행할 수 있는 연구는 팬데믹의 타격을 크게 받았지만, 수학이나 통계학처럼 특정 장소, 장비, 재료가 꼭 필요하지 않은 분야는 영향을 덜 받았다.

근무 시간이 줄었으니 코로나19로 인해 워라밸이 좋아졌다고 볼 수도 있겠다. 하지만 연구자의 본업인 연구 시간이 줄어들면 연구자의 경력(커리어)에 손해가 된다. 팬데믹으로 인해 연구 경력에 가장 큰 피해를 입은 사람은 여성 과학자, 그중에서도 어린 자녀를 둔 이들이다. 자녀가 5세 이하인 여성 과학자의 경우 팬데믹 이전보다 연구 업무 시간이 약 17% 줄어든 것으로 조사되었다. 물론 재택근무로도 충분히 연구를 진행할 수 있는 분야가 있다. 하지만 어린이집이나 유치원이 방역 조치로 인해 문을 닫아 재택근무와 육아의 경계가 모호해지면 여성 연구자가 육아의 책임을 더 많이 맡게 되는 것이다.

내가 속한 연구실의 경우 코로나19 팬데믹 직후 모든 실험을 중단했다. 이곳의 연구는 주로, 사람들이 좁은 실험실 안에서 컴퓨터 모니터를 들여다보고 키보드와 마우스를 사용하거나, fMRI 장비 안에서 화면을 보고 버튼을 누르는 방식으로 진행된다. 다른 사람이 머문 공간에서 다른 사람이 쓴 장비를 사용해야 하니 팬데믹 초기에는 실험을 진행할 엄두를 내지 못했다.

팬데믹 기간이 점점 길어지자 그저 손 놓고 가만히 있을 수는 없어서 실험 참가자를 다시 모집하기 시작했다. 실험 전후 수시로 소독약을 뿌리고 닦았으며, 거리 두기 단계가 조정될 때마다 실험의 중단과 재개가 반복되었다.

연구 현장은 조금씩 회복되고 있지만 갈 길은 멀다

2021년, 코로나19 팬데믹 선언 후 1년이 지나는 시점에서 연구사들의 환경이 어떻게 달라졌는지 알아보기 위한 조사가 시행되었다. 우리 연구실이 팬데믹 1년 차를 지나며 조금씩 원상태로 돌아

•¨ 중단되었던 연구를 재개하려면 먼저 연구실부터 철저하게 소독해야 했다.

가려고 노력한 것처럼 다른 연구실들도 상황이 조금 나아진 것으로 조사되었다.[71]

2021년은 전해에 비해 연구자들의 연구 시간이 대부분 늘었다고 답했다. 물론 연구량은 여전히 팬데믹 이전만큼 회복하지 못했지만 1년 사이에 어느 정도 회복한 셈이다. 하지만 조사 결과를 더 들여다보면 모든 면이 긍정적이었던 건 아니다.

연구자들은 항상 새로운 다음 프로젝트를 찾는다. 그런데 코로나19 팬데믹 2년 차에는 단 하나의 새로운 프로젝트도 시작하지 않은 연구자 비율이 이전에 비해 3배나 증가했다. 연구 시간은 조금씩 늘어나고 있고, 출판되는 논문의 양도 팬데믹 이전과 크게 차이 나지 않았다. 물론 연구 환경이 회복되는데도 불구하고 새로운 프로젝트를 하지 못한다는 것은 이전 연구를 이어 하거나, 미처 손대지 못했던 예전 데이터를 분석하는 등 새로운 작업보다 이전의 작업에 더 집중한 결과일 수 있다.

새로운 연구를 시작하는 비율은 전체적으로 낮아졌지만, 코로나19 관련 연구의 경우는 조금 달라서 이 연구자들은 팬데믹 전후의 차이 없이 계속 새로운 프로젝트를 진행했다. 팬데믹 2년 차에 연구 업계가 거의 정상적으로 회복된 것처럼 보이는 이유는 코로나19 관련 연구의 활성화 효과 때문이다.

연구자들 간에 새로운 생각을 교환하거나 공동 연구를 진행하는 일도 달라진 게 있다. 함께 논문을 쓰는 저자의 수를 통해 얼마나 많은 연구자가 한 프로젝트에 협력했는지 간접적으로 추정할 수 있는데, 코로나19 관련 논문은 공저자 수가 늘어난 반면 다른 연구 분야의 논문들은 공저자 수가 줄어드는 경향을 보였다.

2020년 조사에 이어 2021년에도 가장 두드러진 결과는 어린 자녀를 둔 여성 과학자의 어려움이었다. 연구 시간에 가장 큰 영향을 받았던 이들은 2021년 조사에서 새로운 연구 과제를 시작하지 못한 비율이 가장 높은 집단으로 나타났다.

이러한 연구자 대상 연구를 통해 코로나19 팬데믹의 여파가 1년 남짓한 시간 안에 빠르게 줄어든 것을 확인할 수 있다. 그러나

•:• 팬데믹으로 인해 재택근무가 많아지자 많은 여성 과학자가 연구에만 집중할 수 없게 되었다.

연구 시간이 회복되고 연구 결과물도 발표되지만 모든 연구자가 팬데믹 이전 상황으로 회복한 것은 아니다. 코로나19와 관련이 없는 연구는 여전히 활발하지 못한 상황이다. 또한 어린 자녀를 둔 여성 연구자는 상대적으로 코로나19 여파에 더 취약하다는 사실을 일관되게 보여 주었다.

연구자들은 계속 논문을 출판하고 연구비를 수주해야 살아남을 수 있다. 연구비가 있어야 실험을 하고 논문을 쓸 수 있다. 연구비를 받으려면 많은 논문을 쓰고 실적을 증명해야 한다. 연구 시간을 확보하지 못하고 새로운 연구도 진행하지 못하면 결국 논문과 연구비 경쟁에서 뒤처지고 장기적으로 커리어에 큰 손해로 이어질 것이다.

연구 기관과 대학에서는 팬데믹 기간 동안 승진 심사와 평가를 유예해 주거나 보다 유연하게 연구비를 사용할 수 있도록 조치하는 등 다양한 대응책을 마련하고 있다. 하지만 코로나19로 인한 연구 경력에 타격을 입는 정도가 성별이나 집단에 따라 다르다면 도움의 방법이나 크기도 이에 따라 다르게 적용되어야 하지 않을까?

물론 앞에서 소개한 연구 환경의 변화는 연구 업계에 종사하는 사람들에게만 해당하는 문제일지 모른다. 혹은 굳이 대규모 설문 조사를 벌이지 않아도 자기 경험이나 주변 사람들의 경험을 통해 이미 다 아는 사실인지도 모른다. 하지만 자기 경험이나 주변 이야기가 아닌, 정량화된 수치 제시가 제대로 상황을 파악하고 대책을 마련하는 데 중요한 첫 단계다. 연구 업계의 조사 결과는 또 다른 직업군에서 어떠한 변화가 일어나는지 알아보는 데 참고가 될 수 있을 것이다.

3부

팬데믹에도 답을 찾을 것이다,
늘 그랬듯이

팬데믹이 끝나면 우리 뇌와
인지 기능도 회복될까?

코로나19 팬데믹이 종식된 그날을 상상해 보자. 독자 여러분은 무엇을 가장 하고 싶은가? 한 설문 조사에 의하면 응답자들은 해외여행, 밤샘 모임, 공연 및 스포츠 관람 등을 꼽았다. 온라인상에서는 팬데믹 이후 하고 싶은 일을 나열하는 '코킷리스트(코로나＋버킷리스트)'가 유행하기도 했다. 어쨌든 팬데믹이 끝나면 우리의 일상은 마스크를 벗고 예전으로 돌아갈 것이다. 하지만 팬데믹 기간 동안 영향을 받았던 우리의 뇌와 인지 기능은 어떨까? 이것도 원상태로 돌아갈까? 아니면 코로나19의 여파가 우리 뇌에 평생 남게 될까?

쓰면 쓸수록 변하는 우리의 뇌

우리 뇌는 경험에 따라 얼마든지 변화할 수 있는데 이를 가소성 Plasticity이라고 부른다. 조디 밀러Jodie Miller라는 이름의 소녀는 우리 뇌의 놀라운 가소성을 보여 주는 대표적인 사례다. 1993년, 조디는 심한 발작을 자주 일으켰는데 뇌의 오른쪽 반구에서 시작된 것이었다. 의사들은 조디의 발작을 치료할 최후의 방법으로 발작의 원인인 오른쪽 뇌를 아예 제거하는 방법을 택했다. 수술은 성공적이었고 이후 조디의 발작은 사라졌다.[1]

우리 뇌의 오른쪽 절반은 왼쪽 신체의 움직임을 담당한다. 조디는 오른쪽 뇌가 없어졌지만 그녀의 왼쪽 팔다리는 일상생활에 무리가 없을 정도로 잘 통제되었고, 그 외에는 놀라울 정도로 큰 이상을 보이지 않았다. 뇌가 절반만 남아도 인지 기능에는 큰 이상이 없는 것이다. 현재 조디는 대학을 졸업한 후 잘살고 있다고 한다.

우리 뇌는 절반 정도 없어도 상관없는 잉여 영역을 가진 것이 아니다. 조디의 사례는 남은 절반의 뇌가 제거된 뇌의 기능을 이어받는 가소성이 광범위하게 나타날 수 있음을 보여 준다. 조디가 수술을 받은 때가 어렸을 적이기 때문에 뇌의 변화도 크게 나타났을 것이다. 나처럼 성인이 뇌의 절반을 잘라 낸다면 아마 정상적인 생활은 어려울 것이다.

그렇다고 성인의 뇌가 변하지 않는다는 건 아니다. 다양한 형

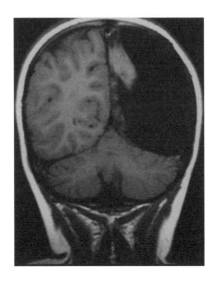

•⸰ 뇌의 절반을 제거하는 수술을 받은 후에도 일상 생활에 큰 문제를 보이지 않는 경우도 있다.
(자료 출처: Borgstein, J. & Grootendorst, C. (2002). Half a brain. *The Lancet, 359*(9305), 473.)

태로 가소성을 확인할 수 있는데 대표적인 사례가 영국 런던의 택시 운전사들이다. 런던에서 택시 면허를 따려면 런던의 복잡한 길을 익혀야 하는데 평균 2년 정도가 걸릴 정도로 쉽지 않다. 그런 런던 택시 운전사들의 뇌를 MRI로 촬영해 보면 해마 구조의 변화를 확인할 수 있다.[2] 게다가 택시 경력이 긴 사람일수록 해마 영역의 구조 변화도 더 큰 경향을 보였다.

이러한 런던 택시 기사들의 뇌 변화는 단순히 운전을 많이 해서 비롯된 게 아니다. 비슷한 경력 기간을 가진 버스 기사의 뇌에서는 택시 기사와 같은 변화가 나타나지 않았다.[3] 버스는 노선이 정해져

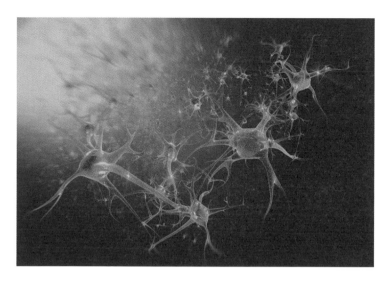

•: 인지 기능은 어떤 경험을 하느냐에 따라 얼마든지 좋아지거나 나빠질 수 있다. 그래서 우리의 '머리가 굳지' 않으려면 꾸준히 새로운 자극을 주어야 한다.

있지만 택시는 손님을 태울 때마다 새로운 경로를 찾아야 한다. 따라서 택시 기사는 복잡한 공간 정보를 계속 학습하고 활용한다. 이러한 과정을 반복함으로써 그들의 해마 영역이 구조적으로 변화한 것으로 보인다.

　이 외에도 뇌의 가소성을 보여 주는 다양한 사례가 있다. 프로 음악가와 아마추어 음악가의 뇌를 비교하면 프로의 뇌에서 청각, 시각, 공간 정보 처리 영역과 움직임을 통제하는 영역의 구조가 다르게 나타난다.[4] 이는 오랜 음악 훈련을 통해 악보를 읽거나 그 내용을 처리하고 악기를 다루는 데 필요한 영역들이 변했기 때문이다.

가소성이 우리 뇌를 회복시킬 것이다

나이가 들면 뇌의 영역 크기는 줄어들고 인지 기능도 쇠퇴하기 시작한다. 하지만 인지 과제를 수행하는 노인의 뇌를 살펴봤더니 의외로 젊은이의 뇌보다 더 많은 활성화가 관찰되는 경우도 있다. 노화로 인한 뇌 손상은 피할 수 없지만, 부족한 뇌 기능과 인지 기능을 돕기 위해 더 많은 뇌 영역이 활성화되는 것이다.[5] 이처럼 우리 뇌는 남녀노소 할 것 없이 상황에 따라 유연하게 변하고 적응한다. 연구자들은 이런 뇌의 가소성 덕분에 코로나19 팬데믹이 종식되고 나면 우리 뇌가 회복될 것이라고 본다. 사회적 격리, 새로운 자극 결여, 사회적 상호 작용 부족 등 팬데믹으로 인한 환경 변화 때문에 우리 뇌는 큰 영향을 받았다. 하지만 다시 사람들을 만나고 다양한 자극을 받으면 얼마든지 변화를 일으킬 수 있다.

물론 모든 종류의 변화와 손상이 다 회복될지는 알 수 없다. 그러므로 팬데믹이 종식된 후에도 오랜 추적 연구를 통해 회복 가능한 부분은 무엇이고 얼마나 걸릴지 찾아야 한다. 뇌의 가소성은 긍정적인 방향과 부정적인 방향, 어느 쪽으로도 작동할 수 있기 때문에 되도록 우리 뇌가 나쁜 쪽으로 변하지 않도록 주의를 기울여야 한다. 특히 어릴수록 뇌의 가소성으로 인한 영향은 더 크기 때문에 아이들의 뇌 발달에 큰 관심이 필요하다.

집콕 생활 중 비디오 게임은
병일까 약일까?

코로나19 팬데믹은 우리의 여가 생활도 뒤흔들어 놓았다. 극장과 공연장을 찾는 발길은 줄었고, 스포츠 경기는 관중 없이 치러지기도 했다. 집콕 생활이 늘면서 덩달아 스마트 기기와 OTT, SNS의 사용이 늘었다. 또 다양한 비대면 여가 콘텐츠가 선을 보였고, 여러 온라인 엔터테인먼트가 각광을 받았다.

팬데믹으로 인해 대부분의 산업 분야가 큰 타격을 입은 것과는 반대로 호황을 누린 산업 중 하나가 바로 게임 업계다. 팬데믹 이전에는 게임을 즐기는 학생, 연인, 남편은 '방 안에 틀어박혀 게임만 한다'는 소리를 듣기 일쑤였다. 하지만 팬데믹 이후에는 상황이 달라졌다. 강제로 방 안에 틀어박히게 되었으니 게임이라도 해야 할수밖에. 실제로 2020년 국내 게임 이용률을 조사했던 한국지능정보사회진흥원NIA은 게임이 팬데믹 시대에 몇 안 되는 여가 문화이자 정신 건강을 유지하기 위한 심리 방역 수단으로 발전했다고 분석하기도 했다. 또 한 가지 고무적인 점은 비디오 게임이 팬데믹 때문에 지치고 스트레스 받은 우리 뇌에 새로운 경험과 자극을 줄 수있다는 사실이다.

두뇌 트레이닝 게임은 얼마나 효과적일까?

운동으로 근육을 만들고 체력을 키우듯 뇌 훈련을 통해 뇌 기능을 향상시킬 수 있다. 그 가능성을 일찍부터 알아본 세계적 기업들은 코로나19 팬데믹 이전부터 두뇌 훈련을 위한 프로그램과 제품, 서비스를 만들어 왔다. 닌텐도는 2000년대 중반부터 휴대용 게임기로 플레이가 가능한 두뇌 훈련 게임을 발매했는데, 우리나라에서는 유명 연예인들이 출연한 광고가 화제가 되기도 했다. 이 게임은간단한 기억 과제나 주의 통제 과제를 반복적으로 수행하면서 점차난이도가 높아지는 방식으로 진행된다. 이때 게임에 등장하는 과제들은 인지 심리학 연구실에서 사용하는 인지 과제들을 조금 더 단순하게 변형한 것들이다. 하지만 이 둘은 큰 차이가 있는데 연구실은 참가자들에게 참가비를 지급하면서 데이터를 모으는 반면, 두뇌 훈련 게임은 소비자들이 자발적으로 돈을 지불하면서 참여하고 게다가 더 열심히 집중한다는 것이다.

이 게임을 매일 15분씩 4주 동안 지속했더니 작업 기억이나 정보 처리 속도가 향상되긴 했다.[6] 하지만 훈련 효과의 유무뿐 아니라 효과의 범위가 얼마나 넓은지도 살펴봐야 한다. 하나의 과제를 연습한 효과가 다른 과제를 수행할 때 영향을 주는 것을 전이Transfer라고 한다. 뇌 훈련 효과를 살필 때 완전히 다른 과제로도 효과가 전이되는지를 중요하게 살핀다. 또 효과가 전이된다면 그 효과는 얼마나 지속되는가도 중요하다.

연구자들은 두뇌 훈련 게임을 한 달 동안 꾸준히 하면 근거리 전이Near Transfer가 나타난다고 결론을 내렸다. 이는 게임을 반복하면 그 게임을 점점 잘하게 되고, 게임과 매우 유사한 인지 기능 측정 과제 역시 잘하게 된다는 뜻이다. 그렇지만 게임을 플레이할 때 사용하지 않는 다른 기능도 좋아지는 원거리 전이Far Transfer가 일어나진 않았다.

2014년 전 세계 연구자들은 당시 시중에 판매되고 있는 다양한 두뇌 훈련 프로그램과 제품의 효과가 과학적으로 검증되지 않았기 때문에 주의할 필요가 있다는 서한을 발표했다.[7] 또 몇 년 후에는 두뇌 훈련 제품을 판매하는 회사들이 과대광고를 했다는 사유로 벌금을 부과받기도 했다.[8] 반면 다른 연구자들은 두뇌 훈련의 가능성을 지지하는 서한을 발표하기도 했다.[9]

•᛫ 게임사에서 내놓은 두뇌 트레이닝 프로그램의 효과를 단언할 수 없지만 우리의 인지 기능을 자극한다는 것은 분명하다.

이처럼 연구자들 간에도 의견이 엇갈리지만 특정 과제로 뇌 훈련을 하면 그 과제를 더 잘하게 된다는 사실에는 거의 이견이 없다. 하지만 특정 과제 훈련을 반복했다고 해서 다른 과제도 잘하게 되는지, 나아가 뇌 기능이 전반적으로 좋아지고 노화가 방지되며 성적이 좋아지는지에 대해서는 여전히 결정적인 증거가 부족하다.[10, 11] 게임 〈스타크래프트 1〉을 연습하면 실력이 향상되지만 속편인 〈스타크래프트 2〉나 다른 장르의 게임인 〈리그 오브 레전드〉도 잘하게 되는지는 확실하지 않은 것과 같다.

게임의 효과는 나름 있지만 대단하지도 않다

그렇다고 뇌 훈련 활동을 아예 할 필요 없다고 성급하게 결론
내리지 말자. 인지 기능을 전체적으로 향상시키거나 뇌의 나이를
젊게 유지하는 등 광범위한 효과를 원하는 게 아니라면, 그저 특정
인지 기능만 향상시키는 정도라면 그와 관련된 훈련 과제를 반복
연습하는 게 도움이 된다.

예를 들어 〈카운터 스트라이크〉 〈하프라이프〉 같은 1인칭 액션
게임을 즐기는 사람들은 시각 주의 기능이 좋아진다.[12] 반면에 같
은 기간 동안 〈테트리스〉 같은 퍼즐 게임을 연습하면 시각 주의 기
능은 향상되지 않는다. 액션 게임을 플레이할 때에는 다수의 적의
위치와 움직임을 끊임없이 추적해야 하지만 〈테트리스〉는 한 번에
하나의 물체에만 집중하면 된다는 차이가 있다.

즉, 넓은 영역에서 다수의 물체에 주의를 기울이고 추적하는
복잡한 과제를 반복하면 그와 관련된 주의 기능이 향상되는 것이
다. 또 멀티태스킹 능력이 필요한 복잡한 게임을 통해 훈련하면 훈
련하지 않은 다른 과제의 수행 능력도 좋아진다.[13] 하지만 단순히
비디오 게임을 반복한다고 해서 다른 종류의 인지 기능이 필요한
과제들을 잘한다고 보기는 어렵다. 게임 실력이 늘었다고 해서 수
능 시험 점수가 오르지는 않는 것이다.

이처럼 게임이 인지 기능 발달에 나름의 기여를 할 수는 있겠지

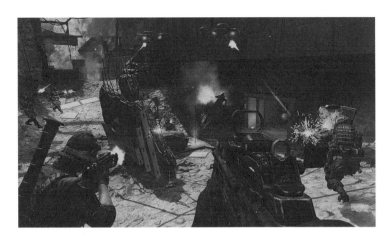

•: 1인칭 액션 게임의 가장 큰 특징은 수많은 캐릭터와 사물이 등장해 플레이어의 주의를 끌거
나 혼란스럽게 방해한다는 점이다.

만, 전반적인 뇌 기능을 향상시키기 위해 모든 장르의 게임을 섭렵
할 필요는 없다. 그보다는 과학적으로 증명된 뇌 건강 증진법을 더
실천하는 것이 효과적일 것이다. 구체적인 방법은 다음 장에서 알
아보자.

팬데믹 때문에 지친 몸과 마음을 깨울 최고의 가성비 방법은?

코로나19 팬데믹의 여파로 확진자만큼 '확찐자'도 크게 늘었다. 하지만 다중 이용 시설에 대한 방역 지침 때문에 헬스장 이용이 수월하지 않아 집에서 스스로 운동하는 '홈트'가 유행하기 시작했다. 그리고 홈트 유행은 팬데믹이 끝나도 꾸준히 계속되지 않을까 싶다.

그런데 운동은 팬데믹 기간 동안 찐 살을 빼는 데에만 도움이 되는 게 아니다. 폐쇄적인 생활로 인해 활력을 잃은 우리 뇌와 인지 기능을 깨울 과학적 방법이기도 하다. 두뇌 훈련 게임의 효과를 증명하는 연구 결과는 저마다 긴가민가하지만 운동의 효과에 대해서는 비교적 분명하다. 다양한 운동 중에서도 특히 유산소 운동이 가장 효과적이다.

우리 뇌를 재생시키는 유산소 운동

앞서 나이가 들면 여러 뇌 영역의 부피가 줄고 인지 기능들도 떨어지기 시작한다고 이야기했다. 노화로 인해 뇌와 인지 기능이 쇠퇴하는 60대 노인들에게 규칙적으로 유산소 운동을 시키고 그 결과를 관찰한 실험이 있다. 기억 능력을 담당하는 해마의 크기는 우리가 병에 걸리거나 다른 문제가 없더라도 노년기가 되면 해마다 1~2%씩 작아지는 경향을 보인다.[14] 하지만 1년 동안 유산소 운동을 한 노인들의 해마는 오히려 약 2% 커졌음을 확인할 수 있었다.[15] 같은 기간 동안 유산소 운동 대신 스트레칭 운동을 한 노인들의 경우에는 해마의 크기가 점점 줄어들었다. 규칙적으로 유산소 운동을 한 노인들의 뇌에서는 뇌유래신경영양인자BDNF가 높게 나타났고 기억력도 더 좋아졌다.

이처럼 유산소 운동의 효과는 노인뿐 아니라 성인에게도 마찬가지다. 유산소 운동을 규칙적으로 반복한 성인의 뇌에서는 전두엽의 부피가 증가했다.[16] 또 1년 동안 꾸준히 운동한 성인은 여러 뇌 영역 간의 연결성이 좋아졌고 그만큼 다양한 인지 과제 수행력도 좋아졌다.[17]

운동의 효과는 어린이들에게도 예외가 없었다. 유산소 운동을

•* 유산소 운동은 마치 '젊음의 샘'과 같다. 나이가 들어도 꾸준히 유산소 운동을 하면 줄었던 뇌의 부피가 커지고 기능도 발달하기 때문이다.

꾸준하게 하는 아동의 뇌에서는 해마를 비롯한 몇몇 영역의 부피가 더 커졌다. 그리고 인지 과제를 수행할 때 뇌를 더 효율적으로 쓸 수 있게 되었다.[18]

　이처럼 유산소 운동의 긍정적인 효과는 전 연령대를 대상으로 한 여러 연구에서 되풀이해 나타났다. 하지만 이런 효과가 실험실에서만 나타난다면 큰 의미가 없다. 실험실에서 이루어지는 인지 기능 과제들은 인지 기능이 얼마나 잘 작동하는지 측정하는 수단일 뿐이다. 그러므로 이렇게 측정한 통계와 수치들이 실제 생활에 얼마나 영향을 미치는지, 눈에 보이는 변화로 이어지는지 여부가 더 중요하다.

운동이 체력뿐 아니라 머리도 좋게 만들어 준다는 사실을 확인할 수 있는 연구 결과도 있다. 꾸준하게 운동한 초등학생들이 수학과 읽기 시험에서 더 높은 점수를 받은 것이다.[19, 20] 유산소 운동 능력이 높을수록 시험 점수도 높다는 상관관계가 나타났지만, 근력 운동이나 유연성 운동은 시험 점수와 유의한 관계를 보이지 않았다. 초등학생을 넘어 중고등학생까지 포함한 더 넓은 범위의 연구들은 운동이 수학과 읽기 시험뿐 아니라 다양한 인지 기능에 긍정적인 영향을 미치는 것으로 나타났다.

운동 시간이 늘면 그만큼 공부할 시간은 줄기 때문에, 또 운동하느라 기운이 빠져서 공부에 소홀해지는 건 아닐까 싶지만 운동 시간이 늘어나도 학업 성적은 떨어지지 않았다. 운동의 효과를 알아보는 연구들은 참가자에게 약 30~40분 동안 빠르게 걷는 정도의 강도로 운동을 시켰다. 애초에 지쳐서 다른 일을 못할 정도로 격한 운동을 시킨 게 아니다.

운동의 효과를 확인한 연구들은 대체로 몇 주에서 수개월 이상 꾸준히 운동했을 때의 변화를 관찰한 것이다. 하지만 단기간의 운동도 일시적으로 인지 기능 향상에 도움이 된다. 1시간 이내 운동을 한 직후에는 일시적으로 작업 기억 능력이 좋아지는 결과가 나타났다.[21] 물론 정기적으로 운동하지 않으면 이 효과는 이내 사라진다.

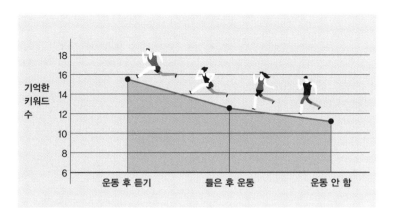

∴ 노스캐롤라이나대학교 연구 팀은 운동 전후와 아예 운동을 하지 않은 참가자들에게 각각 이야기를 들려준 후 기억력 테스트를 진행했다. 그 결과 운동 후 이야기를 들은 그룹의 기억력 성과가 가장 좋았다. (자료 출처: Labban, J. D., & Etnier, J. L. (2011). Effects of acute exercise on long-term memory. *Research Quarterly for Exercise and Sport, 82*(4), 712–721.)

적당한 운동은 지친 우리의 마음도 달래 준다

운동은 신체 건강과 인지 기능 향상 외에도 정신 건강에 도움이 된다. 우울 장애 환자들에게 4개월 동안 유산소 운동을 시켰더니 환자 중 40% 이상의 우울 증상이 개선되었다.[22] 이러한 효과는 항우울제의 효과와 비슷한 정도다. 또 다른 연구에서는 약 2주의 운동 처방이 불안 증상을 감소시킬 수 있는 것으로 나타났다.[23]

코로나19 팬데믹 이후 사람들의 운동량은 크게 줄었다. 나만 해도 재택근무를 하는 동안 음식물 쓰레기를 버리러 집 앞에 나가는 게 가장 먼 거리를 움직이는 활동이었을 정도니, 애초에 운동량이 적었는데 그마저 더 줄어들었다. 이렇게 운동량이 줄어든 상황은 사람들의 신체 건강과 정신 건강 모두에 좋지 못한 영향을 주고 있다.[24, 25] 또 팬데믹 기간에 운동량이 많이 줄어든 사람일수록 기억력도 더 떨어졌다고 답했다.[26] 연구자들은 이렇게 운동량이 줄어든 상황이 사람들의 건강에 보다 장기적인 영향을 미치지는 않을까 우려하고 있다.[27]

유산소 운동 직후에는 일시적인 인지 기능 향상 효과를 누릴 수 있다. 하지만 불안이나 우울감을 해소하는 데에는 비교적 길게, 꾸준히 운동해야 한다. 오늘 하루 열심히 운동했다고 모든 것이 몰라보게 달라지는 것이 아니니 길게 보고 운동을 이어 가야 한다. 땀흘리며 격하게 하지 않아도, 예를 들어 하루에 약 4000보 정도 가볍게 걷는 것만으로도 건강에 도움이 된다. 그리고 걷는 속도보다는 걷는 양을 늘리는 게 더 도움이 된다.[28]

유산소 운동에는 비싼 장비나 특별한 장소가 필요하지 않다. 그저 적당히 숨이 차는 정도만 해도 우리 뇌와 인지 기능, 정서에 긍정적인 자극을 줄 수 있다. 그러므로 운동은 코로나19 팬데믹 때문에 지치고 스트레스를 받은 우리 몸과 마음에 활력을 불어넣을 수 있는 가장 가성비 뛰어난 방법이 아닐까?

SNS와 메타버스가
대면 만남을 대체할 수 있을까?

내가 고등학생 시절, 야간 자율 학습을 마치고 집에 돌아오면 꽤 늦은 시간이었음에도 불구하고 PC 통신 채팅방에 접속해서 새벽까지 이야기를 나누곤 했다. 비록 교실에서 하루 종일 붙어 있던 반 친구들과 또 만나는 거였지만, 때로 직접 얼굴을 맞댄 것보다 채팅방에서의 비대면 대화가 더 친밀하게 느껴지기도 했다.

지금은 더 다양한 형태의 비대면 사회적 상호 작용이 가능하다. 화상 회의 플랫폼과 메신저를 비롯해 여러 SNS가 사용되고 있다. 매일 교실에서 만나던 친구들을 PC 통신 심야 채팅방에서 다시 만나는 것처럼, 이미 알고 지내는 '실친(실제 친구)'들을 온라인에서 다시 만나기도 하고 온라인에서만 알고 지낼 '페친(페이스북 친구), 트친(트위터 친구), 인친(인스타그램 친구)'을 사귀기도 한다.

다른 사람들과 관계를 맺는 것은 인간의 기본적인 동기 중 하나다.[29] 코로나19 팬데믹 기간 동안 대면 만남이 줄어 기본 욕구가 충족되지 못한 사람들은 스트레스를 받는다.[30] 그렇다면 비대면 만남이 대면 만남의 부족함을 대체할 수 있을까? 친구들과 SNS로 소통하고, 화상 소개팅을 하며, 각자 집에서 배달 음식을 주문해 놓고 줌 프로그램으로 얼굴을 보며 회식을 하는 것, 이런 활동이 사회적 상호 작용 욕구를 충족시킬 수 있을까?

SNS를 이용한 상호 작용의 장점과 단점

SNS의 심리적 효과에 대해 여러 연구가 서로 엇갈린 결과를 보여 준다. SNS 사용은 우리 뇌에 일종의 보상처럼 작용하는데, 내가 올린 게시물에 누군가 '좋아요' 버튼을 누르고 공감해 주면 우리 뇌의 보상을 처리하는 영역이 반응하는 것이다.[31, 32] 내가 다른 사람들의 사진과 글에 '좋아요' 버튼을 누를 때에도 마찬가지로 뇌의 보상 영역이 반응한다. 다른 이들에게서 인정을 받는 것도 보상이지만 SNS에 사진과 글을 올리면서 내 생각을 다른 이들에게 표현하는 것도 뇌의 보상 시스템을 활성화시킨다.[33]

SNS를 사용하는 것 자체도 즐겁지만 나아가 사람들과 유대감

💭 SNS에는 즐겁고 행복하고 화려한 일상이 가득하다. 그래서 만족스럽지 못한 자신의 일상과 비교하게 되면 자존감이 떨어지거나 질투심이 생기는 경우도 있다.

을 형성하고 사회적 고립감과 외로움을 줄여 주며 삶의 만족도를 높인다는 결과도 있다.[34, 35] 코로나19 팬데믹 기간 동안 정기적으로 온라인에서 사회적 상호 작용을 하는 상대가 많을수록 정신 건강에도 좋았다.[36] 여기서 온라인 상호 작용이란 단순히 SNS를 통해 다른 사람의 소식을 접하는 것뿐 아니라, 화상 통화나 온라인 게임을 함께하는 것 등 다양한 수단으로 소통하는 것을 말한다.

반면 SNS의 부정적 효과를 보여 준 연구 결과도 있다. 예를 들어 SNS를 과도하게 이용하면 우울증이 증가된다.[37] SNS가 좋지 않은 이유 중 하나는 SNS 속 다른 사람들의 화려한 모습과 자신의 모습을 비교하기 때문이다. 그 과정에서 부정적인 감정이 증가하는 것이다.

다른 사람들의 글과 사진을 보거나, 자기 글을 올리거나, 메신저로 대화하는 등 모든 행위가 SNS 활동이다. 다른 이들과 적극적으로 소통하거나 다른 이들의 포스팅만 보고 교류에는 참여하지 않는 것처럼 사용 목적이나 형태, 소셜 미디어에 쏟는 시간에 따라 SNS의 효과는 달라진다. 예를 들어 SNS에서 친구와 팔로워가 늘면 만족감과 유대감이 생긴다. 하지만 외로움을 달래기 위해 SNS에 과몰입하면 온라인 우정에 만족하지 못하고 오히려 친구의 수가 늘어날수록 외로움이 심해질 수 있다.[38]

사람들이 온라인과 오프라인에서 서로 다르게 행동한다는 점도 참고할 만하다. 사람이 하는 말의 30~40%는 자신의 경험이나 생각에 관한 것으로 추정된다. 하지만 온라인상에서 대화를 나누면 얼굴을 마주할 때보다 자신에 대한 이야기를 약 2배 이상 더 한다.[39, 40] 이렇게 온라인에서 소통하더라도 서로 자기 이야기만 늘어놓으면 만나서 대화하는 것만큼 공감과 교류를 느끼지 못할 것이다.

새로운 세상, 메타버스에서는 어떨까?

단순히 화상 통화를 하거나 SNS를 이용해 텍스트와 영상을 주고받는 것을 넘어 가상 세계에서는 어떨까? 메타버스Metaverse에서의 사회적 상호 작용은 기존의 비대면 플랫폼보다 더 효과적일까? 메신저를 통해 대화하는 것처럼 단순한 형태보다 가상 공간 안에서 나와 상대의 아바타가 만나면 훨씬 대면 만남과 비슷해지지 않을까?

애초에 우리의 뇌는 바깥세상의 정보를 있는 그대로 인식하지 않는다. 예를 들어 눈의 망막에 맺히는 바깥세상 모습은 위아래가 뒤집힌 상태이지만 그렇다고 우리가 세상을 거꾸로 보진 않는다. 우리는 뇌가 해석한 결과물을 보는 것이다. 따라서 뇌에 가상 세계의 정보를 적절하게 입력해 주면 우리는 그 가상 공간 안에 실제로 들어가 있다고 느끼게 된다. 그리고 잘 만든 가상 세계에서의 만남은 기존의 화상 회의나 소셜 미디어보다 효과적인 사회적 상호 작용을 하게 해 준다.[41] 게다가 전화 통화, 메신저, 화상 통화를 이용할 때에는 몸짓 언어를 전달하기 힘들지만 가상 현실에서는 한결 편리하다.

하지만 가상 현실은 자연스럽게 작동하는 경우에만 효과적이다. 줌 회의를 오래 하면 유독 더 피곤해지는 이유 중 하나는 대면 상호 작용을 할 때 비언어적 신호를 주고받기 어렵고 부자연스럽기 때문이다(자세한 내용은 앞 장을 참고하자). 가상 현실 속 아바타가 물리 엔진이 고장 난 것처럼 어색하게 움직이고 소리와 영상의 싱크가 미묘하게 어긋나면 화상 회의를 한 것처럼 우리를 피곤하게 만

∵ VR 기기를 이용해 3D 게임이나 메타버스 서비스를 즐기는 사람이 늘고 있다. 하지만 일부 이용자들은 어지러움, 메스꺼움 등 사이버 멀미를 호소하기도 한다.

들 수 있다. 또 HMDHead Mounted Display처럼 VR 기기를 착용하는 것 자체도 눈과 신체의 피로를 유발하고 있어 장기적으로 문제가 될 수 있다.[42]

가상 세계가 꼭 현실을 그대로 재현할 필요는 없다. 내 아바타 역시 내 모습과 완전히 똑같지 않고, 온라인 게임상에서 여성만 여성 캐릭터를 골라야 하는 것도 아니다. 하지만 만약 내 아바타가 실제 나보다 키도 더 크고 더 잘생겼다면, 내 행동에도 미묘한 영향을 미칠 수 있다.

가상 세계에서 키 큰 아바타를 사용하는 사람은 작은 키의 아바타 이용자보다 더 자신감 있게 행동하는 경향을 보인다.[43] 또 매력적인 아바타 이용자들은 가상 세계에서 다른 사람들에게 더 친밀하게 대하는 편이다. 자기와 같은 성별의 아바타를 사용할 때와 이성의 아바타를 사용할 때의 행동도 서로 다른 것으로 나타났다.[44, 45] 가상 세계에서 다른 사람과 상호 작용하는 것은 현실과 비슷하지만 행동은 같지 않은 것이다.

결국 SNS에 푹 빠졌다고 해서 항상 정신 건강이 나빠지는 것은 아니니 당장 스마트폰을 내려놓을 필요는 없다. 또 다른 사람들과 같은 공간에 존재한다고 느껴진다면 가상 세계도 대면 상호 작용과 비슷한 효과를 줄 수 있다.

그러나 온라인 상호 작용은 대면 상호 작용을 완전히 대체하기는 힘들 것이다. 대면과 비대면 상호 작용이 모두 자유로웠던 팬데믹 이전에 사람들은 온라인보다 오프라인 만남을 더 연결되어 있다고 느끼고 더 긍정적인 정서 상태를 보였다.[46] 하지만 직접 얼굴을 보고 소통하기 어려운 상황이라면 온라인 상호 작용이 정서적으로 긍정적인 영향을 주기도 한다.[47] SNS가 대면 만남을 100% 대체하진 못하겠지만 적절하게 이용하면 사회적 상호 작용 욕구를 상당 부분 채워 줄 수 있을 것이다.

바이러스 감염보다
더 위협적인 팬데믹 스트레스

심리학 개론 교과서를 들춰 보면 사람에게 스트레스를 주는 사건들의 목록이 나온다. 이 스트레스 유발 사건 목록의 상위권에는 자연재해, 가족이나 친구의 죽음, 주변인과의 불화 등 쉽게 예상할 수 있는 것들이 위치하고 있다.

그런데 흥미로운 사실은 결혼, 새 직장, 새 학기 등도 스트레스 유발 사건 목록에 떡하니 올라가 있다는 점이다. 엄청난 취업난 속에서 고대하던 첫 출근을 하고, 사랑하는 이와 백년가약을 맺는데 왜 스트레스를 받는지 의아할 것이다. 하지만 긍정적인 사건들이더라도 일상에 큰 변화가 생기면 적응하는 과정에서 스트레스가 발생

한다.[48]

굳이 큰 변화가 아니더라도 언제든 스트레스는 발생할 수 있다. 도서관에서 옆자리 사람이 시끄럽게 군다거나, 배달 음식을 주문했는데 가장 좋아하는 사이드 메뉴가 누락된 것처럼 일상 속에서 자잘한 경험들도 얼마든지 스트레스를 유발할 수 있다.[49]

결국 스트레스는 주관적이다. 동일한 스트레스 상황 속에서도 반응은 사람마다 다르다. 새 직장을 찾는 과정을 새로운 도전으로 받아들인다면 스트레스가 아니라 새로운 자극이 되어 더 적극적으로 대처할 수 있게 해 준다. 아무런 스트레스가 없는 상황, 과도한 스트레스를 받는 상황 모두 좋지 않지만 적절한 수준의 스트레스는 오히려 정신 건강에 도움이 된다.[50]

통제력이 스트레스를 감소시켜 준다

2년 넘도록 지속되는 코로나19 팬데믹으로 인해 전 세계의 일상은 완전히 뒤집어졌다고 해도 과언이 아니다. 바이러스 감염에 대한 불안, 사회적 거리 두기의 장기화, 부족한 사회적 상호 작용, 이 상황이 언제 끝날지 모른다는 불확실성 등이 복합적으로 작용하여 도전적이고 긍정적인 사람에게도 스트레스 경험이 되고 있다.

팬데믹의 가장 큰 위험은 이러한 스트레스가 장기간 이어진다는 데 있다. 우리는 일시적인 스트레스에는 어느 정도 대처할 수 있고 원인이 사라지거나 해소되면 이내 회복한다. 하지만 만성적인 스트레스가 몸과 마음에 미치는 부정적인 영향력은 막기 힘들다.[51, 52]

이런 큰 스트레스가 당장은 큰 영향을 미치지 않는 것처럼 느껴지더라도 시간이 흐르면 그 효과가 나타난다. 아동기에 큰 스트레스를 겪으면 사회적 관계 형성에 어려움을 느끼거나 주변 상황에 과민하게 반응하는 등 행동 변화가 생기고 호르몬 분비도 영향을 받는다. 이러한 변화는 성인기에 질병으로 이어질 수 있다.[53]

코로나19 팬데믹이 주는 스트레스를 피할 수 없다면 적절하게 대처해야 한다. 우리가 가장 큰 영향을 받는 건 바로 통제할 수 없는 스트레스와 직면했을 때다.[54] 코로나19 백신 1차 접종이 시작되었을 때만 하더라도 팬데믹 종식은 시간문제로 보였다. 하지만 전파력이 더 강한 변이 바이러스가 연이어 등장하면서 팬데믹 종식은 점점 멀어져 갔다. 이처럼 지속적으로 스트레스를 주는 팬데믹 상황은 우리가 원하는 대로 통제할 수가 없다.

통제 가능성이 스트레스와 우리의 건강에 어떤 영향을 미치는지에 대해서는 오래전부터 연구되었다. 1976년에 진행된 한 연구에서는 요양원에 거주하는 노인들을 두 집단으로 나누고 한 집단에게만 자기 상황을 통제할 수 있도록 했다.[55] 상황 통제권을 받은 노인들은 자기 방 안의 가구를 재배치할 수 있었고 키울 화분과 영화 시청 요일을 직접 골랐다. 다른 집단의 노인들은 가구 배치를 바꿀 수 없었고 키울 화분은 요양원 관리자가 골라 줬으며 지정된 요일에만 영화를 볼 수 있었다.

그 결과 통제권을 가지고 직접 결정할 수 있었던 집단의 노인들이 요양원 생활에 더 만족을 느꼈다. 그리고 건강 상태도 더 좋았으며, 약 18개월이 지나자 사망률도 절반 정도 낮게 나타났다.[56] 자신이 상황을 제어할 수 있다면 스트레스를 덜 받는 것이다.

직접 상황을 통제하지 않더라도 언제든 얼마든지 통제할 수 있다고 믿는 것만으로도 스트레스는 줄어든다.[57] 휴가를 나갈 날만 기다리던 군인의 휴가가 갑자기 취소되면 어마어마한 스트레스를 받을 것이다. 하지만 휴가를 모아 두었다가 제대 직전에 긴 휴가를 가려고 계획한 것이라면 부대 밖으로 나가지 못해도 그리 답답하지 않을 것이다. 휴가를 못 가는 게 아니라 안 나가는 것이기 때문이다.

코로나19 팬데믹 자체를 바꿀 수는 없지만 일상에서 내가 통제할 수 있는 것을 찾고, 내 삶은 내가 통제할 수 있다고 믿는다면 조금은 숨통이 트일 것이다.

사회적 교류와 지지로 스트레스를 낮춰 주는 신앙생활

스트레스 관리에 도움이 되는 방법으로 자주 언급되는 것 중 하나가 바로 신앙생활이다.[58] 물론 정체 모를 신비한 힘이 작용해서 스트레스를 감소시킨다는 것은 아니다. 어느 종교든 건강한 생활에

•ː 신앙생활의 긍정적인 효과 중 하나는 다른 이들과의 교류를 통해 서로 마음을 나누고 의지하면서 어려움을 이겨 낼 힘을 얻는다는 것이다.

도움이 되는 행동을 권하지, 음주와 흡연을 잊지 말라고 당부하지 않는다. 방역 지침을 지키지 말라거나 사회적으로 용납되지 않는 행동을 권하는 게 아니라면 종교를 가지고 종교의 가르침을 따르는 건 신체 및 정신 건강에 도움이 될 가능성이 높다.

종교 생활의 또 다른 장점은 사회적 교류와 지지다.[59] 신앙생활은 종교 의식을 치르는 것으로 그치지 않는다. 같은 종교를 가진 집단의 일원으로서 다른 이들과 함께 행사에 참석하고 개인적인 교류도 갖는다. 같은 종교인으로부터 정신적 지지와 도움도 받을 수 있다. 이러한 사회적 교류는 신체와 정신 건강에 긍정적인 영향을 준다. 딱히 도움받은 게 없다고 해도 언제든 어려워지면 도움을 받을 곳이 있다는 생각만으로도 긍정적인 효과가 나타난다.[60]

종교를 가졌다면 충실한 신앙생활이 스트레스 관리에 도움이 될 것이다. 종교가 없다면 종교의 긍정적인 효과를 다른 곳에서 얻을 수 있다. 바른 생활 습관을 가진 사람들, 사회적 지지를 주고받을 수 있는 사람들을 찾아 (비대면) 교류를 하는 것이다.

팬데믹 스트레스를 피하는
최고의 방법은 정신 승리?

"피할 수 없다면 즐겨라!" 누군가에게는 의욕을 불러일으키는 말이지만 누군가에게는 '꼰대 문화'를 떠오르게 하는 말이다. 그런데 이 말은 스트레스에 한해서 효과적인 조언이다. 피할 수 없는 스트레스와 맞닥뜨렸을 때 생각을 바꿔 먹으면 도움이 되는 경우도 있기 때문이다. 마치 해골 물을 마신 원효대사처럼 말이다.

코로나19 팬데믹 초기부터 사람들은 불안이나 우울감 등 크고 작은 부정적 감정을 호소했다.[61] 이런 부정적 감정 때문에 발생하는 스트레스에 대응하는 방법은 저마다 다르다. 문제는 운동, 여행, 새로운 카페나 맛집 탐방 등 기분 전환 활동을 팬데믹 이후에는 쉽사리 할 수 없게 되었다는 사실이다.

부정적인 감정은 마음먹기에 달렸다?

그래서 세계 각국의 연구자들은 집 안에서 혼자서도 부정적 감정을 줄일 수 있는 간단한 방법들을 찾아보았다. 이 실험은 55개국 186개 연구실이 협력하여 2만 명 이상을 대상으로 진행됐다.[62]

우선 실험 참가자들은 뉴스에 등장한 코로나19 팬데믹 관련 사진을 보았다. 이 사진들은 의료진의 지친 모습이나 확진자가 병원으로 이송되는 모습처럼 부정적 감정을 유발하는 것들이었다. 이어서 연구자들은 참가자들에게 부정적 감정이 떠오를 때 감정을 조절하는 방법을 훈련시켰다. 이 방법이란 꽤나 간단했는데, 한 참가자 집단에게는 부정적 감정이 생기면 현재 상황을 다르게 해석하도록 지시했다. 예를 들어 팬데믹이 끝없이 이어질까 봐 불안하고 우울하다면 백신 접종과 치료제 개발 덕분에 오래가지 않아 종식될 거라고 생각해 보는 식이었다.

반면 다른 참가자 집단은 현재 상황에서 좋은 면에 주의를 기울이라는 지시를 받았다. 자가 격리를 하게 되어 화가 나고 슬프다면, 격리 중에 할 수 있는 활동에 주의를 기울이는 식이었다. 평소에 미뤄 두었던 책을 읽겠다거나 그림 그리기나 악기 연주처럼 새로운 취미를 배우고 가족과 더 많은 시간을 보내야겠다는 계획처럼 긍정

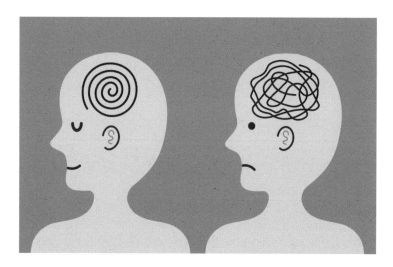

•° 어떤 상황을 긍정적으로 바라볼 것인가 부정적으로 바라볼 것인가는 결국 생각하고 마음먹기 나름이다. 결국 우리에게는 '긍정의 힘'이 필요한 것이다.

적인 쪽으로 관심을 돌리는 것이다.

참가자들은 연구자들의 지시대로 감정을 조절하면 팬데믹 관련 사진을 봐도 부정적인 감정을 덜 느낀다고 답했다. 부정적인 감정을 다른 식으로 해석하거나 어떻게든 긍정적인 면을 찾아서 그쪽으로 주의를 돌렸더니 실제로 기분이 더 나아진 것이다.

정신 승리는 효과적인 기분 전환 수단

어쩌면 이 심리 실험을 두고 '너무 당연한 얘기 아닌가?'라는 생각이 들지도 모르겠다. 실험 참가자에게 부정적인 감정을 피할 수 있는 방법을 알려 줬으니 실제로 부정적인 감정이 줄어들어도 이상하지 않고 오히려 충분히 예상할 수 있는 결과다. 물론 참가자들이 실제로는 기분이 나아지지 않았으면서 연구자의 의도에 맞춰 원하는 답을 해 준 것일 수도 있다. 이러한 현상을 심리학에서는 요구 특성Demand Characteristics이라고 부른다.

연구자들도 이런 요구 특성이 얼마든지 발생할 수 있음을 인지하고 있다. 하지만 참가자에게 특정한 방식으로 감정을 조절하라고 지시하는 것은 정서 조절의 효과를 알아보는 가장 직접적인 실험 방법일 수밖에 없다. 연구자들은 요구 특성의 효과를 알아보기 위해, 일부 참가자들에게 부정적인 기분을 느끼면 그 기분에 집중함으로써 감정을 조절해 보라고 지시했다. 만약 참가자들이 단순히 실험의 목적에 맞게 행동하는 거라면 이번에도 부정적 감정을 덜 느껴야 한다. 하지만 이번에는 참가자들의 부정적 감정이 제대로 조절되지 않았다. 실험에서 요구 특성 효과를 완벽하게 제거하기는 어렵다. 그렇지만 정서 조절 방법에 따라 효과가 달랐다는 사실은, 참가자들이 실험의 목적을 예측해 연구자들이 원하는 대로 답한 것은 아니라는 쪽에 힘을 실어 준다.

그렇다면 정서 조절을 통해 실제로 기분이 나아지면 코로나19 감염 위험을 심각하게 여기지 않거나 방역 수칙을 제대로 안 지키게 되는 건 아닐까? 그러나 단순히 기분이 나아졌다고 해서 손 소독이나 사회적 거리 두기 실천 같은 일에 소홀해지지는 않는 것으로 나타났다.

우울하거나 불안한 생각을 고쳐먹거나 주의를 다른 곳으로 돌리는 정서 조절 방법은 부정적 감정을 그저 억누르기만 하는 것보다 기분 전환에 더 도움이 된다. 특히 팬데믹 기간에는 전문가 상담이나 외부 활동이 쉽지 않은데 이 방법은 혼자서도 실천할 수 있으므로 유용하다. 이런 방법을 모바일 앱으로 만들면 보다 쉽고 편리하게 활용할 수 있을 것이다.

물론 상황이 바뀐 건 하나도 없는데 생각만 달리하는 건 근본적인 문제를 외면한 채 '정신 승리'를 하는 것처럼 보일 수 있다. 하지만 지금 당장 상황이 급변했다거나 코로나19 팬데믹이 끝난 게 아니니 정신 승리를 해도 손해는 아니지 않을까?

팬데믹을 가장 잘 견디는 사람은 공포 영화 마니아?

"아무것도 만지지 마라."

코로나19 팬데믹을 맞아 대국민 방역 지침 중 하나일까? 아니다. 사실은 2011년에 개봉한 영화 〈컨테이전〉의 국내용 포스터에 적힌 홍보 문구다. 정체불명의 신종 바이러스가 전 세계를 감염시키는 과정을 그린 이 영화는 무려 10년 전에 제작되었지만 바이러스가 퍼지는 과정, 조사 진행 과정, 대중의 심리적 변화, 가짜 뉴스의 창궐 등 그 내용이 마치 코로나19 팬데믹을 예언한 듯하다. 앞에서 소개한 홍보 문구만 봐도 코로나 시대에 우리가 가장 많이 듣거나 한 말과 크게 다르지 않다. 그래서인지 이 영화는 팬데믹 이후

•:̣ 2011년에 개봉한 영화 〈컨테이젼〉의 국내용 포스터. "아무것도 만지지 마라"라는 문구가 코로나19 팬데믹을 연상시킨다.

재조명되었고, OTT 서비스를 통해 인기 역주행을 구가했다.

공포에 떨면서 최악을 대비한다

〈컨테이젼〉 같은 재난 영화, 핵전쟁이나 좀비 때문에 멸망한 세상을 그린 포스트 아포칼립스 영화, 공포 영화 등을 즐기는 사람들은 코로나19 팬데믹에 더 잘 적응하고 심리적 회복 탄력성Psychological Resilience도 더 높은 경향을 보였다.[63] 공포 영화 마니아일수록

•᛫ 공포 영화 마니아들은 팬데믹 상황에서도 비교적 덜 불안해하고 우울감도 덜 느낀다. 그 이유 중 하나는 공포 영화를 즐길 만큼 '담이 크다'는 것 아닐까?

팬데믹 기간 동안 우울감이나 부정적인 정서를 덜 느낀 것이다.

공포 영화를 즐기지 않는 나 같은 사람들은 왜 굳이 돈과 시간을 쓰면서 무서운 기분을 느끼려고 하는지 궁금해한다. 공포 영화 마니아들은 그저 좋아서 보는 것이겠지만 연구원들은 공포 영화에 숨겨진 유용성이 있다고 여겼다.

영화 속 좀비들이 갑자기 튀어나오면 놀랍고 무섭지만 그 좀비가 실제로 나를 공격하지는 않는다. 공포 영화나 재난 영화를 보는 일은 실제로 위험한 상황에 닥쳤을 때 어떻게 행동하고 부정적인 감정은 어떻게 조절할지 간접 체험하고 머릿속으로 연습해 보는 기회를 제공한다고 볼 수 있다.[64] 물론 사람들이 좀비 창궐 사태나 신종 감염병의 대유행에 대비하려는 목적으로 영화관을 찾는다는 의미는 아니다. 긴장과 공포를 자발적으로 경험하려는 행위의 이면에 이런 이점이 있을 수 있다는 이야기다.

사람마다 괜찮은 정도가 다르니까

영화 선호도 차이는 같은 환경에 처해도 모두가 같은 반응을 보이지 않는다는 사실을 명확하게 보여 주는 예이다. 똑같은 상황에서도 저마다의 성향에 따라, 그동안 어떤 경험을 해 왔고 상황을 어떻게 해석하는지에 따라 심한 스트레스를 받을 수도 있고 별일 아닌 것처럼 여길 수도 있는 것이다.

실제로 영국에서 11~16세의 청소년을 대상으로 설문 조사를 실시했는데, 약 43%의 응답자가 자기 삶이 코로나19 팬데믹 록다운 때문에 더 나빠졌다고 답했다.[65] 그런데 달리 생각하면 나머지 57%는 나빠지지 않았다는 의미이고, 실제로 약 30%의 응답자가 큰 변화를 느끼지 않았다고 답했다. 심지어 응답자의 일부는 팬데믹 이전보다 삶이 나아졌다고 답하기도 했다.

앞서 살펴본 것처럼 독일 남극 기지에서 1년 넘도록 근무한 사람들은 일부 뇌 영역의 크기가 줄어들고 인지 과제 수행 능력도 떨어졌다. 하지만 극지 탐험가라고 해서 모두 신체와 정신 건강이 나

빠지는 것은 아니다.[66]

호주의 남극 기지에서 근무한 100여 명의 사람을 대상으로 조사한 결과, 남극 생활 동안 다양한 부정적 경험을 한 것으로 나타났다. 그러나 전체적으로 보면 남극 기지에서의 경험을 긍정적으로 보고한 경우가 훨씬 더 많았다.[67] 극지 임무를 마치고 돌아온 사람들은 대부분 극지 생활이 힘들었지만 그래도 즐겁고 뜻깊었다고 여긴다.[68] 실제로 극지 임무를 마치고 돌아온 군인들 중 건강 상태가 더 좋아진 사례가 보고되기도 했다.[69]

물론 코로나19 팬데믹을 즐거운 경험으로 받아들이기는 힘들다. 그럼에도 불구하고 힘든 상황을 받아들이는 정도는 사람마다 다르다. 덕분에 어떤 이들은 팬데믹 와중에도 상대적으로 덜 힘들게 지낸다.[70] 이처럼 팬데믹을 지내는 사람들 간에 개인차가 있다는 것은, 이 시기를 유독 더 힘들게 버텨 내는 사람들도 있다는 의미이다. 그런 맥락에서 내가 괜찮다고 남들도 모두 괜찮은 것은 아님을 명심해야 할 것이다.

꿀잠은 어떻게 코로나와
맞설 무기가 되는가?

처음에 코로나19 바이러스는 호흡기 질환만 일으키는 것으로 보였다. 하지만 시간이 지나면서 호흡기뿐 아니라 뇌와 신체의 여러 영역에도 손상을 일으키는 것으로 드러났다. 전 세계 확진자 약 4만 7000명을 대상으로 조사한 결과 호흡 장애, 피로, 두통 등 약 50여 가지 증상이 나타났다.[71] 물론 한 환자에게서 수십 개의 증상이 나타나는 것은 아니지만 그래도 둘 이상의 복합적인 증상을 보였다.

그런데 코로나19 감염자들이 많이 보이는 증상에는 수면 장애도 포함되어 있다.[72] 한 연구에 따르면 코로나19 확진자 중 약 26%가 완치된 후에도 수면 장애를 겪는 것으로 나타났다.[73] 코로나19

환자들이 왜 수면 장애를 겪는지 그 원인에 대해서는 명확하게 밝혀지지 않았다. 호흡기 장애 때문에 깊이 잠들지 못하고 수면의 질이 떨어졌을 수도 있고, 우울감이나 불안 증상이 깊어져 수면 패턴에 변화가 생겼을 수도 있다.

팬데믹 시기에 수면 장애는 코로나19 바이러스에 감염되지 않았어도 누구에게나 나타날 수 있다. 특히 코로나19와 최전선에서 싸우는 보건 의료 업계 종사자들이 수면 장애를 많이 겪는다.[74, 75, 76] 팬데믹으로 인한 근무 환경의 변화와 감염의 위험에 대한 불안과 스트레스가 주원인으로 추정된다.

꼭 의료인이 아니라 누구라도 바이러스에 대한 걱정과 뒤바뀐 생활 습관 때문에 수면의 질이 떨어질 수 있다. 팬데믹 시기를 살아가는 우리 모두는 크고 작은 위험에 노출되어 있는 셈이다.

팬데믹 시대에도 잠이 보약

사람은 낮에 활동하고 밤에 잠드는 일주기 리듬Circadian Rhythms을 가지고 있다. 이런 리듬은 우리가 의식적으로 만들어 낸 게 아니다. 사람은 빛도 들어오지 않는 지하실에 갇혀서 시계 없이 생활해도 일정한 주기에 따라 잠이 들고 깬다. 하지만 일주기 리듬은 24시간보다 약긴 길기 때문에 가만히 놔두면 실제 시간과 조금씩 어긋나게 된다. 그래서 우리 뇌는 언제 식사했는지, 빛의 양은 어떻게 변하는지 등 외부 정보를 통해 생체 시계를 보정한다.

하루 종일 재택근무를 하거나 폐쇄된 공간에서 오랫동안 자가 격리를 하는 상황을 상상해 보자. 아침부터 늦은 밤까지 밝은 조명을 켜 두고 있을 것이다. 게다가 식사 시간도 불규칙하고 하루 일과도 단조롭다면 잠들고 깨는 리듬이 영향을 받는다. 우리 몸은 일정한 주기로 각성 상태와 체온이 변한다. 그런데 이런 변화 주기가 잠들고 깨는 주기와 어긋나게 되면 수면의 질도 떨어진다.

해외로 여행이나 출장을 가서 시차 적응 때문에 고생해 본 적 있는 사람이라면 자고 깨는 리듬과 생리적 리듬의 어긋남이 얼마나 큰 피곤함을 불러오는지 잘 알 것이다. 게다가 단순히 피로감만 느끼는 게 아니다. 장거리 비행과 이로 인한 시차 적응에 자주 시달리는 승무원들은 기억과 관련된 뇌 영역의 크기가 작아지고 인지 기능도 떨어지는 것으로 나타났다.[77] 장기적인 수면 장애는 인지 기능 저하와 함께 우울 장애나 불안 장애 위험을 높이는 등 여러 부정적 결과를 가져온다.

또 충분한 수면을 하는 사람은 상대적으로 코로나19 바이러스에 감염될 확률이 낮은 편이다.[78] 수면 장애는 면역 반응에 악영향을 끼쳐 감염에 취약하게 만들 수 있기 때문이다.[79, 80] 게다가 수면의 질 또한 면역 체계와 관련이 있어서 잠을 푹 잔 사람들은 백신 효과도 더 잘 누리게 된다.[81] 코로나19에 대한 걱정과 불안이 수면 장애를 불러오고 이 때문에 오히려 바이러스 감염 위험이 높아지는

•ᐟ 코로나19 팬데믹으로 인한 불안과 우울감이 수면 장애를 일으키기도 한다. 이렇게 수면의 질
이 떨어지면 불안과 우울감은 더 깊어지고 그렇게 악순환이 이어진다.

것이다.

그렇다면 잠은 얼마나, 어떻게 자야 좋을까? 우리 모두가 '아침형 인간'이 되어 일찍 자고 일찍 일어날 필요는 없다. 자신에게 맞는 수면 패턴과 시간은 사람마다 차이가 있다. 또 나이에 따라서도 최적의 수면 패턴은 달라진다.

예를 들어 대개 어린이들은 일찍 잠들지만 청소년들은 늦은 밤까지 깨어 있는 편이다. 우리나라 청소년들은 과도한 사교육과 학입 부담 때문에 도통 잠을 못 자는 걸까? 꼭 그렇지는 않다. 아시아 청소년들의 잠드는 시간이 유독 늦은 편이긴 하지만, 청소년기에 들면 잠드는 시간이 늦어지는 경향은 아시아뿐 아니라 전 세계에서 공통적으로 보인다.[82] 청소년기의 수면 패턴의 변화는 동물에게서도 마찬가지다. 그런 것을 보면 수면 패턴의 변화는 발달 과정에서 일어나는 여러 변화 중 하나로 보인다.[83]

몇 시간 이상 자야 몸에 좋다고 정해진 기준은 없다. 잠드는 데 오래 걸리지 않고, 자는 도중 깨지 않으며, 아침에 쉬이 일어나고, 깨어 있는 동안 큰 피로와 졸린 기분을 느끼지 않는다면 충분한 수면을 취한 것이다. 피곤하지 않은데 일부러 수면 시간을 늘리거나 피곤한데 억지로 자는 시간을 줄일 필요는 없는 것이다.

생활 패턴을 생체 시계 주기와 맞춰라

심한 수면 장애는 치료가 필요하지만 그 정도가 가볍다면 생활 습관을 규칙적으로 바꾸는 것만으로 개선할 수 있다. 팬데믹 이후 대다수의 사람들의 생활 패턴이 변했다. 재택근무가 늘었거나, 사적인 외부 활동이 줄었거나, 일거리가 늘거나 줄어든 것처럼 크고 작은 일상의 변화는 수면 리듬의 변화로 이어질 수 있다.

하루의 생활 패턴은 되도록 생체 시계의 패턴과 맞추는 것이 좋다. 기계식 시계는 쓰다 보면 시간이 조금씩 어긋나기 때문에 주기적으로 오차를 수정해 줘야 한다. 앞서 설명한 것처럼 잠들고 깨는 주기를 관장하는 생체 시계는 24시간보다 약간 길기 때문에 기

•:• 우리 몸의 생체 시계 주기가 정확히 24시간은 아니기 때문에 기계식 시계의 오차를 수정하듯 빛과 같은 외부 자극이 생채 리듬의 오차를 바로잡아 준다.

계식 시계의 오차를 수정하듯 생체 시계의 오차도 조정해 주어야 한다.

생체 시계의 주기를 설정하는 대표적인 자극은 햇빛이다.[84] 해가 떠서 밝아질 때 일어나고 해가 져서 어두워진 후 잠드는 생활을 하지 못하면 생체 시계 주기와 각성 주기가 어긋나고 수면의 질도 떨어진다. 낮과 밤이 뒤바뀐 생활을 할 수밖에 없는 야간 근무자는 주로 햇빛 대신 인공조명 불빛 아래에서 일하게 된다. 이때 인공조명도 적절하게 사용하면 생체 시계 재설정에 영향을 미칠 수 있다. 예를 들어 밤에 일할 때 일반적인 사무실에서 쓰는 밝기의 조명 대신 더 강한 불빛을 사용하고 낮에는 햇빛을 완전히 차단한 채 잠들

면 낮과 밤이 뒤바뀐 생활에 좀 더 잘 적응하는 것으로 나타났다.[85]

햇빛만큼 효과적이지는 않지만 각성 상태도 생체 시계 재설정에 영향을 미친다. 그러므로 잠들기 직전에 격렬하게 운동하거나 정신적 각성을 유발하는 활동을 자제해야 한다. 평일과 주말 가리지 않고 비슷한 시간에 일어나고 잠드는 것처럼 하루 중 활발하게 활동하는 시간과 휴식을 취하는 시간이 생체 시계 주기에 맞춰지도록 노력하는 게 중요하다.

물론 이는 말은 쉽지만 실천하기는 어렵다. 규칙적인 생활 습관을 유지하려는 내 의지와 상관없이 해야 할 일이 쌓일 때도 있다. 휴일에 밀린 잠을 몰아 자거나, 밤새 넷플릭스 드라마를 정주행하는 것처럼 작은 즐거움을 포기하는 것도 쉽지 않다. 그럼에도 불구하고 이런 즐거움을 포기해야 할 만큼, 인생의 3분의 1에 가까운 시간을 써야 할 만큼, 수면은 중요하고 우리 뇌와 신체에 미치는 영향이 크다.

코로나19 팬데믹 동안
우리 가족은 더 행복해졌다?

대부분의 대학 교수는 처음에는 계약직으로 임용되고 그 후 재임용, 승진 심사를 거쳐 정년 보장 심사를 받는다. 심사를 모두 통과하면 특별한 문제가 없는 한 정년까지 일할 수 있다. 여러 국가의 교수들은 테뉴어Tenure라 불리는 종신 재직권 심사를 받기도 한다. 이 종신 재직권을 받으면 특정 나이까지 정년이 보장되는 것이 아니라 '종신終身'이라는 말 그대로 본인이 그만두지 않는 한 평생 근무할 수 있게 된다. 하지만 종신 재직권 심사를 통과하지 못하면 대학을 떠나야 한다. 이렇게 학계에서 영원히 물러나는 사람도 있고, 다른 곳으로 이직하여 교육과 연구를 이어 가는 이도 있다.

대학과 대학원을 마치고 박사후 연구원으로 수년 동안 근무한 후 원하는 학교의 교수가 되었는데 종신 재직권 심사에서 탈락하게 된다고 상상하면 앞날이 깜깜할 것이다. 실제로 한 설문 조사에서 대학에 임용된 지 얼마 되지 않는 교수들을 대상으로 종신 재직권 심사에서 탈락하면 얼마나 불행하게 느껴질지 물어봤다.[86]

신임 교수들은 종신 재직권을 받지 못하면 자기 삶이 매우 불행해질 것이라고 예상했지만, 실제 종신 재직권을 받지 못한 교수들은 종신 재직권을 얻은 교수에 비해 의외로 불행하다고 느끼지 않았다. 내가 지지하는 후보가 선거에서 패했을 때, 원하는 직장에 들어가지 못했을 때, 연인과 헤어졌을 때에도 이와 비슷한 결과가 나왔다. 물론 원하는 것을 얻지 못하고 실패하면 행복하지 않다. 하지만 여러 연구와 조사에서 알 수 있듯이 그럼에도 불구하고 사람들은 예상보다 빨리 회복한다.

공통의 스트레스 속에서 사이가 돈독해지다

사람들의 예측은 불행뿐 아니라 행복을 경험한 후의 감정에 대해서도 빗나간다. 내가 로또 1등에 당첨되면, 지금 쓰는 이 책이 베스트셀러가 되면, 꿈에 그리던 회사에 합격하면 분명 무척 행복할 것이다. 하지만 그렇다고 해서 이 행복감이 영원히 지속되진 않는다.

•᛭ 인간의 힘으로 어찌할 수 없는 불가항력의 자연재해 앞에서 부부와 연인은 서로에게 의지하
고 힘이 됨으로써 더욱 돈독해진다.

수많은 영화 속 클리셰 중 하나는 우연히 위험한 사건에 휘말린
주인공들이 사건을 해결하는 과정에서 사랑에 빠지는 설정이다. 실
제로도 가능할까? 이에 대한 여러 연구는 상반된 결과를 내놓고 있
다. 한 연구는 스트레스 상황을 공유하는 커플의 관계가 더 가까워
지고 유대감도 더 강해졌음을 보여 준다. 하지만 다른 연구는 서로
에게 공격적인 태도를 보이거나 사이가 나빠지는 경향을 찾아내기
도 했다.[87, 88] 하지만 이 연구들은 일상에서의 스트레스 정도를 설
정하고 살펴본 것이다. 영화처럼 목숨이 오가거나 삶이 송두리째
바뀔 정도로 큰 사건을 함께 겪는 경우라면 어떨까?

2017년 미국 텍사스 지역은 허리케인 하비로 인해 큰 피해를 입었다. 미국 연구진은 하비로 인한 재해 이후 신혼부부의 관계가 어떻게 변했는지 조사했다. 허리케인 피해를 입기 전, 신혼부부들의 부부 관계 만족도는 시간이 지날수록 조금씩 낮아지는 경향을 보였다. 하지만 허리케인이 지나간 직후에는 만족도가 높아졌다. 특히 원래 사이가 좋지 못했던 부부일수록 재해 이후 사이가 더 돈독해지는 효과가 나타났다. 인간의 힘으로 어떻게 할 수 없는 대형 자연재해를 함께 겪으면서 서로에게 더 의지하고 서로를 더 돌봐주면서 관계의 만족도가 높아진 것이다.

팬데믹 종식의 기쁨과 설렘은 영원하지 않다

하지만 재해 이후 1년 정도 지나자 부부 관계 만족도는 다시 허리케인 이전 수준으로 되돌아갔다. 재난 상황이 정리되고 일상을 되찾자 그동안 신경 쓸 겨를이 없었던 자잘한 스트레스나 부부간 갈등이 다시 수면 위로 올라온 것이다.

코로나19 팬데믹이라는 사상 초유의 재난을 함께 헤쳐 나간 여러분과 여러분의 가족은 전우애를 느끼고 더 사이가 좋아졌을 수 있다. 그러나 팬데믹이 종식되고 시간이 지나 일상을 되찾으면 다시 예전의 관계로 돌아갈 것이다.

이처럼 팬데믹이 끝나도 일상의 모든 문제가 해결되고 모두가

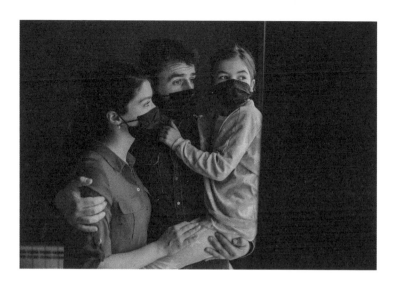

∴ 2020년, 퓨리서치센터가 14개 국가를 대상으로 설문 조사를 한 결과 평균 32%의 응답자가 팬데믹으로 인해 가족 간 유대가 돈독해졌다고 답했다.

행복해지지는 않을 것이다. 물론 '이제 마스크를 벗어도 안전합니다!'라는 선언이 발표되는 순간만큼은 무척 기쁠 것이다. 그리고 우리는 한동안 행복할 것이다. 하지만 시간이 지나면 우리의 감정은 언제 그랬냐는 듯 원래대로 돌아갈 것이다. 아마 그때가 되면 다시 일상의 구석구석에서 즐거움과 위안과 행복을 찾아야 할 것이다.

팬데믹 2년, 누구에게는 길고 누구에게는 짧았던 이유

내가 입대한 후 처음 받은 휴가는 2박 3일짜리였다. 휴가를 앞둔 나에게 선임들은 2박 3일이 2.3초처럼 지나갈 테니 미리 계획을 잘 세워서 알차게 다녀오라고 조언했다. 나는 너무 과장된 것 같다고 생각했지만, 군대를 다녀온 사람이라면 잘 알 것이다. 군대 안에서는 너무도 길게 느껴지던 하루하루가 휴가 중에는 손등에 떨어진 눈송이처럼 순식간에 녹아 없어진다는 것을.

  시간은 누구에게나 똑같이 주어지지만 그 시간이 길거나 짧게 느껴지는 것은 무척 주관적인 경험이다. 어느덧 2년을 넘긴 코로나19 팬데믹 기간을 우리는 어떻게 느끼고 있을까? 아마도 많은 이가 너무 오래 이어지고 있다고 느낄 것이다.

시간은 주관적인 경험에 따라 달리 흐른다

1999년 개봉한 영화 〈매트릭스〉 시리즈에서 가장 유명한 장면 중 하나는 주인공 네오가 날아오는 총알을 피하는 장면, 일명 불릿 타임Bullet Time이다. 영화에서는 총알이 천천히 움직이며 시간의 흐름이 느려진 것처럼 표현된다.

총알을 피할 수 있을 정도는 아니지만 교통사고를 당한 순간 주변의 모든 것이 슬로우 모션처럼 보였다거나 그동안의 일생이 주마등처럼 순식간에 머릿속을 스치고 지나갔다는 경험담을 한 번쯤 들어 봤을 것이다. 실제로 여러 연구 결과, 사람은 위협적인 자극을 목격하거나 부정적인 경험을 할 때 시간의 흐름을 더 느리게 지각하는 것으로 나타났다.[89, 90, 91, 92] 또 이러한 현상은 심한 불안을 느낄 때에도 경험하게 될 수 있다.[93] 코로나19 팬데믹의 심각성을 다룬 뉴스를 반복해서 접하고 불안감이 높아진 상태라면 하루하루가 전보다 더 길게 느껴질 법도 하다.[94]

사람들의 일상이 비교적 단조로워진 것도 팬데믹 기간에 시간이 천천히 흐르는 것처럼 느껴지는 데 일조했을 것이다. 예전처럼 출근하거나 등교하더라도 새로운 경험이 상대적으로 적다 보니 지루함이 쌓인다. 그리고 지루함을 경험하는 동안에는 시간이 천천히

:• 무언가에 몰입했을 때 시간이 빠르게 지나가고, 지루한 상황에서 시간이 느리게 흘렀던 경험은 팬데믹 상황이 아니더라도 누구나 일상에서 경험해 봤을 것이다.

가는 것처럼 느껴진다. 온라인 강의를 시청할 때 한참 시간이 지난 것 같은데 시계를 확인하면 30분밖에 지나지 않았지만 좋아하는 드라마를 연이어 보다 보면 나도 모르게 밤을 새게 되는 것과 같은 이치다. 한 실험에서 참가자에게 숫자가 가득 인쇄된 종이를 주고 특정 숫자가 나올 때마다 동그라미를 치는 단순한 일을 반복시켰더니, 참가자들은 실제보다 더 오랫동안 과제를 수행했다고 여겼다.[95]

팬데믹의 한복판에 서 있는 지금은 하루가 길게 느껴지지만 팬데믹이 종식된 후 지금을 회상하면 의외로 금방 지나간 것처럼 느껴질 수 있다. 흔히 하루는 길지만 1년은 짧다고 이야기하곤 하는

데 이는 심리학적으로 나름 일리가 있다. 현재 흘러가는 시간을 경험하는 것과 이미 지나간 시간을 회상하는 것은 엄연히 다르기 때문이다.[96]

시간의 흐름을 실시간으로 가늠하는 일은 주위의 영향을 더 많이 받지만, 이미 지나간 시간을 추정할 때에는 기억의 영향을 많이 받는다.[97] 그래서 이미 지나간 시간이 얼마나 길었는지 판단할 때에는 그동안 겪었던 일들을 하나씩 회상하게 된다. 이때 기억 회상에 관여하는 뇌 영역도 활성화된다.[98]

지난 6개월 동안 대학을 졸업하고 제주도 여행을 다녀온 후 새 직장에 출근한 사람과 6개월 동안 재택근무를 하며 집 안에서 반복되는 일상을 보낸 사람이 느끼는 시간은 서로 다르다. 새로운 경험을 더 많이 한 사람일수록 지나간 시간이 더 길었다고 기억한다. 새로운 경험이 기억에 쌓이고 지나온 시간을 추정할 때 얼마나 많은 기억의 흔적이 쌓였는지 세어 보는 셈이다.[99]

반면에 비슷한 경험이 반복되면 기억에 잘 남지 않는다. 오늘 아침에 무엇을 먹었는지는 쉽게 기억할 수 있지만 2020년 3월 셋째 주 월요일의 점심 메뉴를 기억하는 사람은 거의 없을 것이다. 그날 아주 특별한 사건이 없었다면 말이다. 비슷한 하루하루를 보낸 후 시간을 돌이켜보면 기억에 남은 흔적이 거의 없어서 당시가 짧게 느껴질 수 있다.[100]

팬데믹 기간 중에 자가 격리를 했던 사람은 아마 자가 격리 중에 시간이 느리게 간다고 느꼈을 확률이 높다. 코로나19에 감염된 것은 아닌지 불안한 상태에서 사람들과 접촉하지 못한 채 방 안에서 단순한 생활을 반복했을 것이기 때문이다. 하지만 격리가 끝나고 시간이 한참 지난 후에는 격리를 시작한 날이나 끝나는 날 정도만 기억날 뿐 격리 4일 차와 5일 차의 일상도 구분되지 않을 것이다. 이처럼 특별한 사건 없이 반복되었던 격리 중 일상은 한참이 지난 후 상당히 짧게 지나간 것처럼 느껴질 것이다.

결국 코로나19 팬데믹 도중에는 길고 힘들게 느껴지겠지만 막상 지나고 나면 그리 길지 않았던 기억으로 남을 수도 있다. 그런데 어떤 경험이 매우 짧게 느껴진다고 해서 꼭 좋은 기억으로 남는 것은 아니다. 기억의 좋고 나쁨은 경험의 지속 시간이 길고 짧은 것과 크게 상관이 없기 때문이다.

끝이 좋아야 모든 게 좋다?

똑같은 경험이라고 해도 끝맺음이 좋았는지 나빴는지에 따라 좋은 기억, 혹은 나쁜 기억으로 남는다. 수면 마취 없이 대장 내시경 검사를 받는 건 그다지 즐거운 경험은 아니다. 한 연구에서, 대장 내시경 검사를 받는 사람들을 두 집단으로 나눠 서로 다른 방식으로 검사를 진행했다.[101] 한 집단의 환자들은 일반적인 절차대로 검사를 받았고, 다른 집단의 환자들은 검사가 끝난 뒤 검사 도구를

• 코로나19 팬데믹이 종식되어 모두가 마스크를 집어던지는 날이 오면 과연 우리 아이들은 팬데믹 기간을 어떻게 기억할까?

바로 빼지 않고 잠시 삽입된 상태를 유지했다.

두 번째 집단 참가자들은 결국 조금 더 오랫동안 검사를 받은 것이다. 게다가 검사 후에도 내시경이 몸 안에 남아 있는 동안 약간의 불편함을 느껴야 했다. 하지만 마지막에 추가로 약한 불편함을 느껴야 했던 두 번째 집단은 바로 끝낸 첫 번째 집단보다 검사를 덜 고통스럽고 불쾌했던 경험으로 기억했다. 검사가 더 오래 걸리고 중간에 고통이 심했더라도 마지막 순간에 고통이 덜했다면 그때를 기준으로 기억을 회상하고 평가하는 것이다.

2.3초 같았던 휴가를 다녀온 내 이야기로 되돌아가 보자. 훈련

병 시절을 떠올리면 힘들었던 경험이 많다. 그럼에도 불구하고 훈련소 생활 자체는 그리 나쁘지 않은 기억으로 느껴진다. 처음에는 고함만 치던 교관들도 막바지에는 종종 농담도 주고받을 정도로 가까워진다. 또 정신적, 신체적으로 훈련소 생활에 적응했기 때문인지 끝날 무렵에는 힘든 훈련이 많지 않았던 것처럼 기억된다. 마지막 순간의 경험이 전체 기억에 영향을 준다는 사실을 알고 있음에도 기억의 편향에서 벗어나지 못하는 것 같다.

　코로나19 팬데믹은 우리 모두에게 잊지 못할 경험으로 남을 것이다. 팬데믹을 보내는 지금은 끝도 없이 길게 느껴지겠지만 막상 끝나고 나면 순식간에 지나간 것처럼 기억될 것이다. 힘들었지만 그래도 버틸 만했다고 기억될지, 아니면 영원한 고통의 순간으로 기억될지는 팬데믹이 어떻게 끝나느냐에 따라 달라질 것이다.

이제 우리는 롱 코비드를
대비해야 한다

이 책은 백신 접종이 활발해지고 델타 변이가 우세종으로 자리 잡았을 무렵인 2021년 가을 무렵부터 쓰기 시작했다. 당시에는 백신 접종률이 충분히 높아지면 머지않아 대부분 코로나바이러스 감염을 피할 수 있고 그렇게 팬데믹도 끝날 거라 기대했다. 그래서 코로나19 감염의 영향보다는 팬데믹 시기를 살아간다는 것 자체가 우리에게 어떤 영향을 미치는지에 초점을 맞추었다.

앞에서 살펴본 것처럼 팬데믹이 불러온 변화는 우리 뇌와 인지 기능에 큰 영향을 준다. 동시에 우리 뇌는 경험에 따라 얼마든지 변화할 수 있기 때문에 코로나 이후의 세상에도 맞춰 변화할 것이다. 하지만 코로나 이후에도 남게 될 변화와 원상태로 돌아갈 변화에 대해서는 지속적인 연구가 필요하다. 또 팬데믹의 여파를 유난히 더 심하게 받은 사람도 많다는 점을 명심해야 한다.

책을 마무리하고 있는 지금, 2022년 봄의 상황은 사뭇 다르다. 오미크론 변이 바이러스가 우세종이 되었고 확진자는 하루에 수십만 명씩 나오고 있다. 그러나 백신 접종자는 더 많아졌고 사회적 거리 두기는 완화되었다. 우리의 일상도 많이 변했는데 캠퍼스에서는 대면 수업이 대폭 증가했고 다시 여행을 즐기는 사람도 늘고 있다. 지난 2년여 동안 다양한 영향을 받고 여기에 적응한 우리 뇌는 또 다른 변화를 준비하고 있다.

전 국민 3명 중 1명이 이미 코로나19 감염을 경험했지만 감염자는 더 많아질 것이다. 이제는 팬데믹으로 인한 일상의 변화가 미확진자에게 어떤 영향을 미치는지보다 일상 회복이 우리에게 어떤 영향을 미칠지에 대해, 그리고 코로나19 감염이 확진자와 완치자에게 어떤 영향을 미칠지에 더 큰 관심을 가질 것이다.

일부 연구자들은 코로나19 팬데믹이 엔데믹(풍토병)으로 변화할 것이라 예상한다.[1] 코로나바이러스가 완전히 사라지는 대신 마치 계절 독감처럼 지역에 따라 주기적으로 발생하는 형태로 전환될 수 있다는 주장이다. 하지만 코로나바이러스가 어떤 방향으로 전이될지, 백신 면역과 완치 후 획득 면역이 얼마나 효과적일지 예측하는 것은 쉽지 않다. 따라서 코로나19 팬데믹의 엔데믹 전환이 곧 코로나19는 더 이상 위험하지 않으므로 신경 쓸 필요 없다는 의미는 아닐 것이다.

2022년 3월, 질병관리청은 코로나19 환자들의 후유증 현황에 대한 조사 결과를 발표했다.[2] 조사 결과 코로나19 환자 중 20~79%가 피로감, 수면 장애, 건망증 등을 보였다. 또 감염자 중 19%는 이 후유증으로 인해 병원을 찾은 것으로 나타났다. 후유증이 있어도 병원에 가지 않은 사람도 많기 때문에 정확한 수와 증상의 양상을 파악하려면 더욱 면밀한 조사가 필요하다. 코로나 확진 후유증에 대해 정확하게 파악하긴 어려워도 국내외 여러 조사를 종합하면 완치되었다고 해서 끝이 아님을 알 수 있다. 완치 후에도 후유증이 이어지는 롱 코비드Long COVID에서 회복해야 한다. 과연 우리 뇌와 인지 기능은 자연스럽게 원상태를 회복할지, 회복된다면 얼마나 걸릴지, 코로나19 후유증에 대한 예방이나 치료법은 무엇이지 확실히 알기 위해서는 더 많은 시간과 연구가 필요하다.

코로나19 팬데믹이 길게 이어지면서 개인적인 호기심과 궁금증을 해결하기 위해서, 또는 수업 중에 학생들에게 소개하기 위해 관련 논문들을 찾아보곤 했다. 이렇게 마련한 자료가 책으로 나올 수 있도록 도와주신 출판사 관계자들에게 감사드린다.

역사 교과서가 언급하지 않을 정도로 무난한 시대를 살고 싶었던 내 바람은 이뤄지지 않을 것이다. 다만 코로나19 팬데믹이 역사책에 남게 된다면 긍정적이고 발전적인 마무리로 기록될 수 있기를 기원해 본다.

주

들어가는 말

1   Vigen, T. (2015). Spurious correlations. Hachette UK.

2   http://www.tylervigen.com/spurious-correlations

3   Henrich, J., Heine, S. J., & Norenzayan, A. (2010). The weirdest people in the world?. *Behavioral and Brain Sciences, 33*(2-3), 61-83.

4   Porfido, C. L., Cox, P. H., Adamo, S. H., & Mitroff, S. R. (2020). Recruiting from the shallow end of the pool: Differences in cognitive and compliance measures for subject pool participants based on enrollment time across an academic term. *Visual Cognition, 28*(1), 1-9.

5   https://www.npr.org/transcripts/478266839

6   Gardner, M. N., & Brandt, A. M. (2006). "The doctors' choice is America's choice" The physician in US cigarette advertisements, 1930-1953. *American Journal of Public Health, 96*(2), 222-232.

7   Choukér, A., & Stahn, A. C. (2020). COVID-19-The largest isolation study in history: the value of shared learnings from spaceflight analogs. *npj Microgravity, 6*(1), 1-7.

1   Yang, A. C., Kern, F., Losada, P. M., Agam, M. R., Maat, C. A., Schmartz, G. P.,
     ... & Wyss-Coray, T. (2021). Dysregulation of brain and choroid plexus cell types
     in severe COVID-19. *Nature, 595*(7868), 565-571.

2   Varatharaj, A., Thomas, N., Ellul, M. A., Davies, N. W., Pollak, T. A., Tenorio,
     E. L., ... & Plant, G. (2020). Neurological and neuropsychiatric complications of
     COVID-19 in 153 patients: a UK-wide surveillance study. *The Lancet Psychiatry,
     7*(10), 875-882.

3   Paterson, R. W., Brown, R. L., Benjamin, L., Nortley, R., Wiethoff, S., Bharucha,
     T., ... & Zandi, M. S. (2020). The emerging spectrum of COVID-19 neurology:
     clinical, radiological and laboratory findings. *Brain, 143*(10), 3104-3120.

4   Wenzel, J., Lampe, J., Mller-Fielitz, H., Schuster, R., Zille, M., Mller, K., ... &
     Schwaninger, M. (2021). The SARS-CoV-2 main protease Mpro causes micro-
     vascular brain pathology by cleaving NEMO in brain endothelial cells. *Nature
     Neuroscience, 24*(11), 1522-1533.

5   Franke, C., Ferse, C., Kreye, J., Reincke, S. M., Sanchez-Sendin, E., Rocco, A.,
     ... & Prüß, H. (2021). High frequency of cerebrospinal fluid autoantibodies in
     COVID-19 patients with neurological symptoms. *Brain, Behavior, and Immunity,
     93*, 415-419.

6   Rhea, E. M., Logsdon, A. F., Hansen, K. M., Williams, L. M., Reed, M. J., Bau-
     mann, K. K., ... & Erickson, M. A. (2021). The S1 protein of SARS-CoV-2 cross-
     es the bloodbrain barrier in mice. *Nature Neuroscience, 24*(3), 368-378.

7   Song, E., Zhang, C., Israelow, B., Lu-Culligan, A., Prado, A. V., Skriabine, S.,
     ... & Iwasaki, A. (2021). Neuroinvasion of SARS-CoV-2 in human and mouse
     brain. *Journal of Experimental Medicine, 218*(3), e20202135.

8   Bryce, C., Grimes, Z., Pujadas, E., Ahuja, S., Beasley, M. B., Albrecht, R., ... &
     Fowkes, M. (2020). Pathophysiology of SARS-CoV-2: targeting of endothelial
     cells renders a complex disease with thrombotic microangiopathy and aberrant
     immune response. The Mount Sinai COVID-19 autopsy experience. *MedRxiv*.

9   Farhadian, S. F., Seilhean, D., & Spudich, S. (2021). Neuropathogenesis of acute

coronavirus disease 2019. *Current Opinion in Neurology, 34*(3), 417-422.

10 Davis, H. E., Assaf, G. S., McCorkell, L., Wei, H., Low, R. J., Re'em, Y., ... & Akrami, A. (2021). Characterizing long COVID in an international cohort: 7 months of symptoms and their impact. *EclinicalMedicine, 38*, 101019.

11 Garrigues, E., Janvier, P., Kherabi, Y., Le Bot, A., Hamon, A., Gouze, H., ... & Nguyen, Y. (2020). Post-discharge persistent symptoms and health-related quality of life after hospitalization for COVID-19. *Journal of Infection*, 81(6), e4-e6.

12 Timmons, G. M., Rempe, T., Bevins, E. A., Goodwill, V., Miner, A., Kavanaugh, A., ... & Graves, J. S. (2021). CNS lymphocytic vasculitis in a young woman with COVID-19 infection. *Neurology Neuroimmunology & Neuroinflammation, 8*(5).

13 Douaud, G., Lee, S., Alfaro-Almagro, F., Arthofer, C., Wang, C., Lange, F., ... & Smith, S. M. (2021). Brain imaging before and after COVID-19 in UK Biobank. *medRxiv.*

14 Lewis, D. (2021). Long COVID and kids: scientists race to find answers. *Nature, 595*(7868), 482-483.

15 Hampshire, A., Trender, W., Chamberlain, S. R., Jolly, A. E., Grant, J. E., Patrick, F., ... & Mehta, M. A. (2021). Cognitive deficits in people who have recovered from COVID-19. *EClinicalMedicine, 39*, 101044.

16 Ledford, H. (2021). Do vaccines protect against long COVID? What the data say. *Nature, 599*(7886), 546-548.

17 Davis, H. E., Assaf, G. S., McCorkell, L., Wei, H., Low, R. J., Re'em, Y., ... & Akrami, A. (2021). Characterizing long COVID in an international cohort: 7 months of symptoms and their impact. *EclinicalMedicine, 38*, 101019.

18 Boutajangout, A., Frontera, J., Debure, L., Vedvyas, A., Faustin, A., & Wisniewski, T. (2021, July). Plasma Biomarkers of Neurodegeneration and Neuroinflammation in Hospitalized COVID-19 Patients with and without New Neurological Symptoms. In2021 Alzheimer's Association International Conference. ALZ.

19 Marshall, M. (2021). The four most urgent questions about long COVID. *Nature, 594*(7862), 168-170.

20 Brlhart, M., Klotzbcher, V., Lalive, R., & Reich, S. K. (2021). Mental health concerns during the COVID-19 pandemic as revealed by helpline calls. *Nature,*

600(7887), 121-126.

21 Tanaka, T., & Okamoto, S. (2021). Increase in suicide following an initial decline during the COVID-19 pandemic in Japan. *Nature Human Behaviour, 5*(2), 229-238.

22 Klves, K., Klves, K. E., & De Leo, D. (2013). Natural disasters and suicidal behaviours: a systematic literature review. *Journal of Affective Disorders, 146*(1), 1-14.

23 Silverio-Murillo, A., Hoehn-Velasco, L., Tirado, A. R., & de la Miyar, J. R. B. (2021). COVID-19 blues: Lockdowns and mental health-related Google searches in Latin America. *Social Science & Medicine*, 114040.

24 Bahk, Y. C., Park, K., Kim, N., Lee, J., Cho, S., Jang, J., ... & Choi, K. (2020). Psychological impact of COVID-19 in South Korea: a preliminary study. *Korean Journal of Clinical Psychology, 39*(4), 355-367.

25 한국트라우마스트레스학회, 코로나19 국민 정신 건강 실태 조사. http://kstss. kr/?p=2463

26 Liang, Y., Wu, K., Zhou, Y., Huang, X., Zhou, Y., & Liu, Z. (2020). Mental health in frontline medical workers during the 2019 novel coronavirus disease epidemic in China: a comparison with the general population. *International Journal of Environmental Research and Public Health, 17*(18), 6550.

27 Park, C., Hwang, J. M., Jo, S., Bae, S. J., & Sakong, J. (2020). COVID-19 outbreak and its association with healthcare workers' emotional stress: a cross-sectional study. *Journal of Korean Medical Science, 35*(41).

28 Quintana-Domeque, C., Lee, I., Zhang, A., Proto, E., Battisti, M., & Ho, A. (2021). Anxiety and depression among medical doctors in Catalonia, Italy, and the UK during the COVID-19 pandemic. *PloS one, 16*(11), e0259213.

29 Aly, H. M., Nemr, N. A., Kishk, R. M., & bakr Elsaid, N. M. A. (2021). Stress, anxiety and depression among healthcare workers facing COVID-19 pandemic in Egypt: a cross-sectional online-based study. *BMJ Open, 11*(4), e045281.

30 Holt Lunstad, J., Smith, T. B., & Layton, J. B. (2010). Social relationships and mortality risk: a meta-analytic review. *PLoS medicine, 7*(7), e1000316.

31 Miller, G., Chen, E., & Cole, S. W. (2009). Health psychology: Developing biologically plausible models linking the social world and physical health. *Annual*

Review of Psychology, 60, 501-524.

32 Eisenberger, N. I., Lieberman, M. D., & Williams, K. D. (2003). Does rejection hurt? An fMRI study of social exclusion. *Science, 302*(5643), 290-292.

33 Woo, C. W., Koban, L., Kross, E., Lindquist, M. A., Banich, M. T., Ruzic, L., ... & Wager, T. D. (2014). Separate neural representations for physical pain and social rejection. *Nature Communications, 5*(1), 1-12.

34 DeWall, C. N., MacDonald, G., Webster, G. D., Masten, C. L., Baumeister, R. F., Powell, C., ... & Eisenberger, N. I. (2010). Acetaminophen reduces social pain: Behavioral and neural evidence. *Psychological Science, 21*(7), 931-937.

35 Harlow, H. F., Dodsworth, R. O., & Harlow, M. K. (1965). Total social isolation in monkeys. *Proceedings of the National Academy of Sciences of the United States of America, 54*(1), 90.

36 Cacioppo, J. T., & Hawkley, L. C. (2009). Perceived social isolation and cognition. *Trends in Cognitive Sciences, 13*(10), 447-454.

37 Eisenberger, N. I., & Cole, S. W. (2012). Social neuroscience and health: neurophysiological mechanisms linking social ties with physical health. *Nature Neuroscience, 15*(5), 669-674.

38 Eisenberger, N. I., Master, S. L., Inagaki, T. K., Taylor, S. E., Shirinyan, D., Lieberman, M. D., & Naliboff, B. D. (2011). Attachment figures activate a safety signal-related neural region and reduce pain experience. *Proceedings of the National Academy of Sciences, 108*(28), 11721-11726.

39 Onoda, K., Okamoto, Y., Nakashima, K. I., Nittono, H., Ura, M., & Yamawaki, S. (2009). Decreased ventral anterior cingulate cortex activity is associated with reduced social pain during emotional support. *Social Neuroscience, 4*(5), 443-454.

40 Read, S., Comas-Herrera, A., & Grundy, E. (2020). Social isolation and memory decline in later-life. *The Journals of Gerontology: Series B, 75*(2), 367-376.

41 Evans, I. E., Martyr, A., Collins, R., Brayne, C., & Clare, L. (2019). Social isolation and cognitive function in later life: A systematic review and meta-analysis. *Journal of Alzheimer's Disease, 70*(s1), S119-S144.

42 Sahi, R. S., Schwyck, M. E., Parkinson, C., & Eisenberger, N. I. (2021). Having more virtual interaction partners during COVID-19 physical distancing measures

may benefit mental health. *Scientific Reports, 11*(1), 1-9.

43 Stahn, A. C., Gunga, H. C., Kohlberg, E., Gallinat, J., Dinges, D. F., & Khn, S. (2019). Brain changes in response to long Antarctic expeditions. *New England Journal of Medicine, 381*(23), 2273-2275.

44 Palinkas, L. A., & Suedfeld, P. (2008). Psychological effects of polar expeditions. *The Lancet, 371*(9607), 153-163.

45 Buchheim, J. I., Matzel, S., Rykova, M., Vassilieva, G., Ponomarev, S., Nichiporuk, I., ... & Choukr, A. (2019). Stress related shift toward inflammaging in cosmonauts after long-duration space flight. *Frontiers in Physiology, 10*, 85.

46 Smith, B. J., & Lim, M. H. (2020). How the COVID-19 pandemic is focusing attention on loneliness and social isolation. *Public Health Research & Practics, 30*(2), 3022008.

47 Choukr, A., & Stahn, A. C. (2020). COVID-19The largest isolation study in history: the value of shared learnings from spaceflight analogs. *npj Microgravity, 6*(1), 1-7.

48 Bundervoet, T., Dvalos, M. E., & Garcia, N. (2021). The short-term impacts of COVID-19 on households in developing countries: An overview based on a harmonized dataset of high-frequency surveys. *World development*, 105844.

49 Mani, A., Mullainathan, S., Shafir, E., & Zhao, J. (2013). Poverty impedes cognitive function. *Science, 341*(6149), 976-980.

50 Duflo, E., Kremer, M., & Robinson, J. (2011). Nudging farmers to use fertilizer: Theory and experimental evidence from Kenya. *American Economic Review, 101*(6), 2350-90.

51 Evans, G. W., & Schamberg, M. A. (2009). Childhood poverty, chronic stress, and adult working memory. *Proceedings of the National Academy of Sciences, 106*(16), 6545-6549.

52 Cheung, V. K., Harrison, P. M., Meyer, L., Pearce, M. T., Haynes, J. D., & Koelsch, S. (2019). Uncertainty and surprise jointly predict musical pleasure and amygdala, hippocampus, and auditory cortex activity. *Current Biology, 29*(23), 4084-4092.

53 Morriss, J., Gell, M., & van Reekum, C. M. (2019). The uncertain brain: A co-or-

dinate based meta-analysis of the neural signatures supporting uncertainty during different contexts. *Neuroscience & Biobehavioral Reviews, 96*, 241-249.

54 Lake, J. I., & LaBar, K. S. (2011). Unpredictability and uncertainty in anxiety: a new direction for emotional timing research. *Frontiers in Integrative Neuroscience, 5*, 55.

55 Carleton, R. N., Mulvogue, M. K., Thibodeau, M. A., McCabe, R. E., Antony, M. M., & Asmundson, G. J. (2012). Increasingly certain about uncertainty: Intolerance of uncertainty across anxiety and depression. *Journal of Anxiety Disorders, 26*(3), 468-479.

56 Weiss, J. M. (1971). Effects of coping behavior in different warning signal conditions on stress pathology in rats. *Journal of Comparative and Physiological Psychology, 77*(1), 1.

57 Carlsson, K., Andersson, J., Petrovic, P., Petersson, K. M., hman, A., & Ingvar, M. (2006). Predictability modulates the affective and sensory-discriminative neural processing of pain. *Neuroimage, 32*(4), 1804-1814.

58 Seidel, E. M., Pfabigan, D. M., Hahn, A., Sladky, R., Grahl, A., Paul, K., ... & Lamm, C. (2015). Uncertainty during pain anticipation: the adaptive value of preparatory processes. *Human Brain Mapping, 36*(2), 744-755.

59 De Berker, A. O., Rutledge, R. B., Mathys, C., Marshall, L., Cross, G. F., Dolan, R. J., & Bestmann, S. (2016). Computations of uncertainty mediate acute stress responses in humans. *Nature Communications, 7*(1), 1-11.

60 Burgard, S. A., Brand, J. E., & House, J. S. (2009). Perceived job insecurity and worker health in the United States. *Social Science & Medicine, 69*(5), 777-785.

61 Cole, G. G., & Kuhn, G. (2010). Attentional capture by object appearance and disappearance. *Quarterly Journal of Experimental Psychology, 63*(1), 147-159.

62 Berlyne, D. E. (1970). Novelty, complexity, and hedonic value. *Perception & Psychophysics, 8*(5), 279-286.

63 Berlyne, D. E. (1970). Novelty, complexity, and hedonic value. *Perception & Psychophysics, 8*(5), 279-286.

64 Diamond, M. C., Krech, D., & Rosenzweig, M. R. (1964). The effects of an enriched environment on the histology of the rat cerebral cortex. *Journal of Compar-*

ative Neurology, 123(1), 111-119.

65 Heller, A. S., Shi, T. C., Ezie, C. C., Reneau, T. R., Baez, L. M., Gibbons, C. J., & Hartley, C. A. (2020). Association between real-world experiential diversity and positive affect relates to hippocampalstriatal functional connectivity. *Nature Neuroscience, 23*(7), 800-804.

66 Bunzeck, N., & Dzel, E. (2006). Absolute coding of stimulus novelty in the human substantia nigra/VTA. *Neuron, 51*(3), 369-379.

67 Schultz, W. (1998). Predictive reward signal of dopamine neurons. *Journal of Neurophysiology, 80*(1), 1-27.

68 Takeuchi, T., Duszkiewicz, A. J., Sonneborn, A., Spooner, P. A., Yamasaki, M., Watanabe, M., ... & Morris, R. G. (2016). Locus coeruleus and dopaminergic consolidation of everyday memory. *Nature, 537*(7620), 357-362.

69 Cohen, M. X., Schoene-Bake, J. C., Elger, C. E., & Weber, B. (2009). Connectivity-based segregation of the human striatum predicts personality characteristics. *Nature Neuroscience, 12*(1), 32-34.

70 Li, W. W., Yu, H., Miller, D. J., Yang, F., & Rouen, C. (2020). Novelty seeking and mental health in Chinese university students before, during, and after the COVID-19 pandemic lockdown: a longitudinal study. *Frontiers in Psychology, 11*, 600739.

71 Fancourt, D., & Steptoe, A. (2018). Cultural engagement predicts changes in cognitive function in older adults over a 10 year period: findings from the English Longitudinal Study of Ageing. *Scientific Reports, 8*(1), 1-8.

72 Harlow, H. F. (1959). Love in infant monkeys. *Scientific American, 200*(6), 68-75.

73 Harlow, H. F., Dodsworth, R. O., & Harlow, M. K. (1965). Total social isolation in monkeys. *Proceedings of the National Academy of Sciences of the United States of America, 54*(1), 90.

74 Coan, J. A., Schaefer, H. S., & Davidson, R. J. (2006). Lending a hand: Social regulation of the neural response to threat. *Psychological science, 17*(12), 1032-1039.

75 Olausson, H., Lamarre, Y., Backlund, H., Morin, C., Wallin, B. G., Starck, G., ... & Bushnell, M. C. (2002). Unmyelinated tactile afferents signal touch and project to insular cortex. *Nature Neuroscience, 5*(9), 900-904.

76 Ackerley, R., Wasling, H. B., Liljencrantz, J., Olausson, H., Johnson, R. D., & Wessberg, J. (2014). Human C-tactile afferents are tuned to the temperature of a skin-stroking caress. *Journal of Neuroscience, 34*(8), 2879-2883.

77 Shaikh, S., Nagi, S. S., McGlone, F., & Mahns, D. A. (2015). Psychophysical investigations into the role of low-threshold C fibres in non-painful affective processing and pain modulation. *PLoS One, 10*(9), e0138299.

78 Field, T., Diego, M., & Hernandez-Reif, M. (2010). Preterm infant massage therapy research: a review. *Infant Behavior and Development, 33*(2), 115-124.

79 Ackerley, R., Wasling, H. B., Liljencrantz, J., Olausson, H., Johnson, R. D., & Wessberg, J. (2014). Human C-tactile afferents are tuned to the temperature of a skin-stroking caress. *Journal of Neuroscience, 34*(8), 2879-2883.

80 Dreisoerner, A., Junker, N. M., Schlotz, W., Heimrich, J., Bloemeke, S., Ditzen, B., & van Dick, R. (2021). Self-soothing touch and being hugged reduce cortisol responses to stress: A randomized controlled trial on stress, physical touch, and social identity. *Comprehensive Psychoneuroendocrinology, 8*, 100091.

81 Triscoli, C., Croy, I., Olausson, H., & Sailer, U. (2017). Touch between romantic partners: Being stroked is more pleasant than stroking and decelerates heart rate. *Physiology & Behavior, 177*, 169-175.

82 Banerjee, D., Vasquez, V., Pecchio, M., Hegde, M. L., Ks Jagannatha, R., & Rao, T. S. (2021). Biopsychosocial intersections of social/affective touch and psychiatry: Implications of 'touch hunger' during COVID-19. *International Journal of Social Psychiatry*, 0020764021997485.

83 Deoni, S., Beauchemin, J., Volpe, A., & D'Sa, V. (2021). Impact of the COVID-19 pandemic on early child cognitive development: Initial findings in a longitudinal observational study of child health. *Medrxiv*.

84 Mullen, E. M. (1995). Mullen scales of early learning (pp. 58-64). Circle Pines, MN: AGS.

85 인지 기능 검사는 지능의 여러 구성 요소를 측정한다. 여기서 언급한 점수는 인지 기능 검사의 한 하위 측정 요소의 점수이지만 다른 구성 요소들을 측정한 검사에서도 동일한 결과가 나왔다.

86 Laburn, H. P. (1996). How does the fetus cope with thermal challenges?. *Physiology, 11*(2), 96-100.

87 Eckstrand, K. L., Ding, Z., Dodge, N. C., Cowan, R. L., Jacobson, J. L., Jacobson, S. W., & Avison, M. J. (2012). Persistent dose-dependent changes in brain structure in young adults with low-to-moderate alcohol exposure in utero. *Alcoholism: Clinical and Experimental Research, 36*(11), 1892-1902.

88 Provenzi, L., Grumi, S., Altieri, L., Bensi, G., Bertazzoli, E., Biasucci, G., ... & MOM-COPE Study Group. (2021). Prenatal maternal stress during the COVID-19 pandemic and infant regulatory capacity at 3 months: A longitudinal study. *Development and Psychopathology*, 1-9.

89 Manning, K. Y., Long, X., Watts, D., Tomfohr-Madsen, L., Giesbrecht, G. F., & Lebel, C. (2021). Prenatal maternal distress during the COVID-19 pandemic and its effects on the infant brain. *medRxiv*.

90 Nelson III, C. A., Bos, K., Gunnar, M. R., & Sonuga-Barke, E. J. (2011). V. The neurobiological toll of early human deprivation. *Monographs of the Society for Research in Child Development, 76*(4), 127-146.

91 Nelson, C. A., Zeanah, C. H., Fox, N. A., Marshall, P. J., Smyke, A. T., & Guthrie, D. (2007). Cognitive recovery in socially deprived young children: The Bucharest Early Intervention Project. *Science, 318*(5858), 1937-1940.

92 Sheridan, M. A., Fox, N. A., Zeanah, C. H., McLaughlin, K. A., & Nelson, C. A. (2012). Variation in neural development as a result of exposure to institutionalization early in childhood. *Proceedings of the National Academy of Sciences, 109*(32), 12927-12932.

93 Bick, J., Zhu, T., Stamoulis, C., Fox, N. A., Zeanah, C., & Nelson, C. A. (2015). Effect of early institutionalization and foster care on long-term white matter development: a randomized clinical trial. *JAMA pediatrics, 169*(3), 211-219.

94 Kennedy, M., Kreppner, J., Knights, N., Kumsta, R., Maughan, B., Golm, D., ... & Sonuga-Barke, E. J. (2016). Early severe institutional deprivation is associated with a persistent variant of adult attention-deficit/hyperactivity disorder: clinical presentation, developmental continuities and life circumstances in the English and Romanian Adoptees study. *Journal of Child Psychology and Psychiatry, 57*(10),

1113-1125.

95 Nelson, C. A., Zeanah, C. H., Fox, N. A., Marshall, P. J., Smyke, A. T., & Guthrie, D. (2007). Cognitive recovery in socially deprived young children: The Bucharest Early Intervention Project. *Science, 318*(5858), 1937-1940.

96 Sheridan, M. A., Fox, N. A., Zeanah, C. H., McLaughlin, K. A., & Nelson, C. A. (2012). Variation in neural development as a result of exposure to institutionalization early in childhood. *Proceedings of the National Academy of Sciences, 109*(32), 12927-12932.

97 National Scientific Council on the Developing Child. (2012). The science of neglect: The persistent absence of responsive care disrupts the developing brain. Working Paper 12, 1-20.

98 Manning, K. Y., Long, X., Watts, D., Tomfohr-Madsen, L., Giesbrecht, G. F., & Lebel, C. (2021). Prenatal maternal distress during the COVID-19 pandemic and its effects on the infant brain. *medRxiv*.

2부 전 지구적 방역 현장이 된 우리의 일상

1 Luck, S. J., & Vogel, E. K. (1997). The capacity of visual working memory for features and conjunctions. *Nature, 390*(6657), 279-281.

2 Sato, S., & Kawahara, J. I. (2015). Attentional capture by completely task-irrelevant faces. *Psychological Research, 79*(4), 523-533.

3 https://www.microsoft.com/en-us/microsoft-365/blog/2020/07/08/future-work-good-challenging-unknown/

4 Bailenson, J. N. (2021). Nonverbal overload: A theoretical argument for the causes of Zoom fatigue. *Technology, Mind, and Behavior, 2*(1).

5 Croes, E. A. J., Antheunis, M. L., Schouten, A. P., & Krahmer, E. J. (2019). Social attraction in video-mediated communication: The role of nonverbal affiliative behavior. *Journal of Social and Personal Relationships, 36*(4), 12101232.

6 Bailenson, J. N. (2021). Nonverbal overload: A theoretical argument for the causes of Zoom fatigue. *Technology, Mind, and Behavior, 2*(1).

7   Mor, N., & Winquist, J. (2002). Self-focused attention and negative affect: a meta-analysis. *Psychological Bulletin, 128*(4), 638.

8   Waskom, M. L., Kumaran, D., Gordon, A. M., Rissman, J., & Wagner, A. D. (2014). Frontoparietal representations of task context support the flexible control of goal-directed cognition. *Journal of Neuroscience, 34*(32), 10743-10755.

9   https://www.microsoft.com/en-us/microsoft-365/blog/2020/07/08/future-work-good-challenging-unknown/

10   DeFilippis, E., Impink, S. M., Singell, M., Polzer, J. T., & Sadun, R. (2020). Collaborating during coronavirus: The impact of COVID-19 on the nature of work (No. w27612). *National Bureau of Economic Research.*

11   Murphy, D. H., Hoover, K. M., Agadzhanyan, K., Kuehn, J. C., & Castel, A. D. (2022). Learning in double time: The effect of lecture video speed on immediate and delayed comprehension. *Applied Cognitive Psychology, 36*(1), 69-82.

12   Murphy, D. H., Hoover, K. M., Agadzhanyan, K., Kuehn, J. C., & Castel, A. D. (2022). Learning in double time: The effect of lecture video speed on immediate and delayed comprehension. *Applied Cognitive Psychology, 36*(1), 69-82.

13   Foulke, E., & Sticht, T. G. (1969). Review of research on the intelligibility and comprehension of accelerated speech. *Psychological Bulletin, 72*(1), 50.

14   Orr, D. B., Friedman, H. L., & Williams, J. C. (1965). Trainability of listening comprehension of speeded discourse. *Journal of Educational Psychology, 56*(3), 148.

15   Dorn, E., Hancock, B., Sarakatsannis, J., & Viruleg, E. (2020). COVID-19 and learning loss-disparities grow and students need help. McKinsey & Company, December 8.

16   Zheng, M., Bender, D., & Lyon, C. (2021). Online learning during COVID-19 produced equivalent or better student course performance as compared with pre-pandemic: empirical evidence from a school-wide comparative study. *BMC Medical Education, 21*(1), 1-11.

17   Larson, D. K., & Sung, C. H. (2009). Comparing student performance: Online versus blended versus face-to-face. *Journal of Asynchronous Learning Networks, 13*(1), 31-42.

18 Goudeau, S., Sanrey, C., Stanczak, A., Manstead, A., & Darnon, C. (2021). Why lockdown and distance learning during the COVID-19 pandemic are likely to increase the social class achievement gap. *Nature Human Behaviour, 5*(10), 1273-1281.

19 Scarpellini, F., Segre, G., Cartabia, M., Zanetti, M., Campi, R., Clavenna, A., & Bonati, M. (2021). Distance learning in Italian primary and middle school children during the COVID-19 pandemic: a national survey. *BMC Public Health, 21*(1), 1-13.

20 Alexander, K. L., Entwisle, D. R., & Olson, L. S. (2007). Lasting consequences of the summer learning gap. *American Sociological Review, 72*(2), 167-180.

21 Patel, V., Mazzaferro, D. M., Sarwer, D. B., & Bartlett, S. P. (2020). Beauty and the mask. *Plastic and Reconstructive Surgery Global Open, 8*(8).

22 Orghian, D., & Hidalgo, C. A. (2020). Humans judge faces in incomplete photographs as physically more attractive. *Scientific Reports, 10*(1), 1-12.

23 Miyazaki, Y., & Kawahara, J. I. (2016). The sanitary-mask effect on perceived facial attractiveness. *Japanese Psychological Research, 58*(3), 261-272.

24 Kamatani, M., Ito, M., Miyazaki, Y., & Kawahara, J. I. (2021). Effects of masks worn to protect against COVID-19 on the perception of facial attractiveness. *i-Perception, 12*(3), 20416695211027920.

25 Freud, E., Stajduhar, A., Rosenbaum, R. S., Avidan, G., & Ganel, T. (2020). The COVID-19 pandemic masks the way people perceive faces. *Scientific Reports, 10*(1), 1-8.

26 Stajduhar, A., Ganel, T., Avidan, G., Rosenbaum, R. S., & Freud, E. (2022). Face Masks Disrupt Holistic Processing and Face Perception in School-Age Children. *Cognitive Research: Principles and Implications, 7*(1), 1-10.

27 Germine, L. T., Duchaine, B., & Nakayama, K. (2011). Where cognitive development and aging meet: face learning ability peaks after age 30. *Cognition, 118*(2), 201-210.

28 Lewkowicz, D. J., & Hansen-Tift, A. M. (2012). Infants deploy selective attention to the mouth of a talking face when learning speech. *Proceedings of the National Academy of Sciences, 109*(5), 1431-1436.

29 Tenenbaum, E. J., Sobel, D. M., Sheinkopf, S. J., Malle, B. F., & Morgan, J. L. (2015). Attention to the mouth and gaze following in infancy predict language development. *Journal of Child Language, 42*(6), 1173-1190.

30 The Royal Society of Canada. (2021). Impact of COVID-19 on Language and Literacy in Canada.

https://rsc-src.ca/en/covid-19-policy-briefing-recent/impact-covid-19-language-and-literacy-in-canada

https://rsc-src.ca/en/voices/face-mask-use-and-language-development-reasons-to-worry

31 Singh, L., Tan, A., & Quinn, P. C. (2021). Infants recognize words spoken through opaque masks but not through clear masks. *Developmental Science, 24*(6), e13117.

32 Kratzke, I. M., Rosenbaum, M. E., Cox, C., Ollila, D. W., & Kapadia, M. R. (2021). Effect of clear vs standard covered masks on communication with patients during surgical clinic encounters: A randomized clinical trial. *JAMA Surgery, 156*(4), 372-378.

33 Atcherson, S. R., Mendel, L. L., Baltimore, W. J., Patro, C., Lee, S., Pousson, M., & Spann, M. J. (2017). The effect of conventional and transparent surgical masks on speech understanding in individuals with and without hearing loss. *Journal of the American Academy of Audiology, 28*(1), 58-67.

34 Gori, M., Schiatti, L., & Amadeo, M. B. (2021). Masking emotions: Face masks impair how we read emotions. *Frontiers in Psychology, 12*, 1541.

35 Ruba, A. L., & Pollak, S. D. (2020). Children's emotion inferences from masked faces: Implications for social interactions during COVID-19. *PloS one, 15*(12), e0243708.

36 Barrick, E. M., Thornton, M. A., & Tamir, D. I. (2021). Mask exposure during COVID-19 changes emotional face processing. *PloS one, 16*(10), e0258470.

37 Kim, C. Y., & Blake, R. (2005). Psychophysical magic: rendering the visible 'invisible'. *Trends in Cognitive Sciences, 9*(8), 381-388.

38 Erhard, P., Chen, W., Lee, J. H., & Ugurbil, K. (1995). A study of effects reported by subjects at high magnetic fields. *In Soc Magn Reson* (Vol. 1219).

39   Koyama, T., McHaffie, J. G., Laurienti, P. J., & Coghill, R. C. (2005). The subjective experience of pain: where expectations become reality. *Proceedings of the National Academy of Sciences, 102*(36), 12950-12955.

40   Geers, A. L., Clemens, K. S., Faasse, K., Colagiuri, B., Webster, R., Vase, L., ... & Colloca, L. (2021). Psychosocial factors predict COVID-19 vaccine side effects. *Psychotherapy and Psychosomatics*, 1-3.

41   Glaser, R., Kiecolt-Glaser, J. K., Bonneau, R. H., Malarkey, W., Kennedy, S., & Hughes, J. (1992). Stress-induced modulation of the immune response to recombinant hepatitis B vaccine. *Psychosomatic Medicine, 54*(1), 22-29.

42   Madison, A. A., Shrout, M. R., Renna, M. E., & Kiecolt-Glaser, J. K. (2021). Psychological and behavioral predictors of vaccine efficacy: Considerations for COVID-19. *Perspectives on Psychological Science, 16*(2), 191-203.

43   Segerstrom, S. C., Hardy, J. K., Evans, D. R., & Greenberg, R. N. (2012). Vulnerability, distress, and immune response to vaccination in older adults. *Brain, Behavior, and Immunity, 26*(5), 747-753.

44   Boylan, J., Seli, P., Scholer, A. A., & Danckert, J. (2021). Boredom in the COVID-19 pandemic: Trait boredom proneness, the desire to act, and rule-breaking. *Personality and Individual Differences, 171*, 110387.

45   Wilson, T. D., Reinhard, D. A., Westgate, E. C., Gilbert, D. T., Ellerbeck, N., Hahn, C., ... & Shaked, A. (2014). Just think: The challenges of the disengaged mind. *Science, 345*(6192), 75-77.

46   Killingsworth, M. A., & Gilbert, D. T. (2010). A wandering mind is an unhappy mind. *Science, 330*(6006), 932-932.

47   Moore, R. C., Lee, A., Hancock, J. T., Halley, M., & Linos, E. (2020). Experience with social distancing early in the COVID-19 pandemic in the United States: implications for public health messaging. *MedRxiv.*

48   Bargain, O., & Aminjonov, U. (2020). Trust and compliance to public health policies in times of COVID-19. *Journal of Public Economics, 192*, 104316.

49   Bursztyn, L., Rao, A., Roth, C. P., & Yanagizawa-Drott, D. H. (2020). Misinformation during a pandemic (No. w27417). *National Bureau of Economic Research.*

50   Brzezinski, A., Kecht, V., Van Dijcke, D., & Wright, A. L. (2021). Science skepti-

cism reduced compliance with COVID-19 shelter-in-place policies in the United States. *Nature Human Behaviour, 5*(11), 1519-1527.

51 Petherick, A., Goldszmidt, R., Andrade, E. B., Furst, R., Hale, T., Pott, A., & Wood, A. (2021). A worldwide assessment of changes in adherence to COVID-19 protective behaviours and hypothesized pandemic fatigue. *Nature Human Behaviour, 5*(9), 1145-1160.

52 Albert, S. M., & Duffy, J. (2012). Differences in risk aversion between young and older adults. *Neuroscience and Neuroeconomics, 2012*(1).

53 Byrnes, J. P., Miller, D. C., & Schafer, W. D. (1999). Gender differences in risk taking: A meta-analysis. *Psychological Bulletin, 125*(3), 367.

54 Painter, M., & Qiu, T. (2021). Political beliefs affect compliance with government mandates. *Journal of Economic Behavior & Organization, 185*, 688-701.

55 Grossman, G., Kim, S., Rexer, J. M., & Thirumurthy, H. (2020). Political partisanship influences behavioral responses to governors' recommendations for COVID-19 prevention in the United States. *Proceedings of the National Academy of Sciences, 117*(39), 24144-24153.

56 Wright, A. L., Sonin, K., Driscoll, J., & Wilson, J. (2020). Poverty and economic dislocation reduce compliance with COVID-19 shelter-in-place protocols. *Journal of Economic Behavior & Organization, 180*, 544-554.

57 Kleitman, S., Fullerton, D. J., Zhang, L. M., Blanchard, M. D., Lee, J., Stankov, L., & Thompson, V. (2021). To comply or not comply? A latent profile analysis of behaviours and attitudes during the COVID-19 pandemic. *PloS one, 16*(7), e0255268.

58 Deane, C., Parker, K., & Gramlich, J. (2021). A year of US public opinion on the Coronavirus pandemic. *Pew Research Center*, March, 5.

59 Aschwanden, C. (2021). How COVID is changing the study of human behaviour. *Nature, 593*(7859), 331-333.

60 Abu-Akel, A., Spitz, A., & West, R. (2021). The effect of spokesperson attribution on public health message sharing during the COVID-19 pandemic. *PloS one, 16*(2), e0245100.

61 Xie, W., Campbell, S., & Zhang, W. (2020). Working memory capacity predicts

individual differences in social-distancing compliance during the COVID-19 pandemic in the United States. *Proceedings of the National Academy of Sciences, 117*(30), 17667-17674.

62   Grossman, G., Kim, S., Rexer, J. M., & Thirumurthy, H. (2020). Political partisanship influences behavioral responses to governors' recommendations for COVID-19 prevention in the United States. *Proceedings of the National Academy of Sciences, 117*(39), 24144-24153.

63   Brzezinski, A., Deiana, G., Kecht, V., & Van Dijcke, D. (2020). The COVID-19 pandemic: government vs. community action across the United States. *Covid Economics: Vetted and Real-Time Papers, 7*, 115-156.

64   Ruff, C. C., Ugazio, G., & Fehr, E. (2013). Changing social norm compliance with noninvasive brain stimulation. *Science, 342*(6157), 482-484.

65   Welsch, R., von Castell, C., & Hecht, H. (2019). The anisotropy of personal space. *PloS one, 14*(6), e0217587.

66   Hayduk, L. A. (1983). Personal space: where we now stand. *Psychological Bulletin, 94*(2), 293.

67   Holt, D. J., Zapetis, S., Babadi, B., & Tootell, R. B. (2021). Personal space Increases during the COVID-19 Pandemic in Response to Real and Virtual Humans. *medRxiv*.

68   Holt, D. J., Boeke, E. A., Coombs III, G., DeCross, S. N., Cassidy, B. S., Stufflebeam, S., ... & Tootell, R. B. (2015). Abnormalities in personal space and parietal-frontal function in schizophrenia. *NeuroImage: Clinical, 9*, 233-243.

69   Kennedy, D. P., & Adolphs, R. (2014). Violations of personal space by individuals with autism spectrum disorder. *PloS one, 9*(8), e103369.

70   Myers, K. R., Tham, W. Y., Yin, Y., Cohodes, N., Thursby, J. G., Thursby, M. C., ... & Wang, D. (2020). Unequal effects of the COVID-19 pandemic on scientists. *Nature Human Behaviour, 4*(9), 880-883.

71   Gao, J., Yin, Y., Myers, K. R., Lakhani, K. R., & Wang, D. (2021). Potentially long-lasting effects of the pandemic on scientists. *Nature Communications, 12*(1), 1-6.

1   https://www.bbc.com/news/av/magazine-39160435

2   Maguire, E. A., Gadian, D. G., Johnsrude, I. S., Good, C. D., Ashburner, J., Frac-kowiak, R. S., & Frith, C. D. (2000). Navigation-related structural change in the hippocampi of taxi drivers. *Proceedings of the National Academy of Sciences, 97*(8), 4398-4403.

3   Maguire, E. A., Woollett, K., & Spiers, H. J. (2006). London taxi drivers and bus drivers: a structural MRI and neuropsychological analysis. *Hippocampus, 16*(12), 1091-1101.

4   Gaser, C., & Schlaug, G. (2003). Brain structures differ between musicians and non-musicians. *Journal of Neuroscience, 23*(27), 9240-9245.

5   Park, D. C., & Reuter-Lorenz, P. (2009). The adaptive brain: aging and neurocog-nitive scaffolding. *Annual Review of Psychology, 60*, 173-196.

6   Nouchi, R., Taki, Y., Takeuchi, H., Hashizume, H., Nozawa, T., Kambara, T., ... & Kawashima, R. (2013). Brain training game boosts executive functions, work-ing memory and processing speed in the young adults: a randomized controlled trial. *PloS one, 8*(2), e55518.

7   http://longevity3.stanford.edu/blog/2014/10/15/the-consensus-on-the-brain-train-ing-industry-from-the-scientific-community/

8   https://www.ftc.gov/news-events/press-releases/2016/01/lumosity-pay-2-mil-lion-settle-ftc-deceptive-advertising-charges

9   https://www.cognitivetrainingdata.org/the-controversy-does-brain-training-work/response-letter/

10 Simons, D. J., Boot, W. R., Charness, N., Gathercole, S. E., Chabris, C. F., Ham-brick, D. Z., & Stine-Morrow, E. A. (2016). Do brain-training programs work?. *Psychological Science in the Public Interest, 17*(3), 103-186.

11 Kable, J. W., Caulfield, M. K., Falcone, M., McConnell, M., Bernardo, L., Par-thasarathi, T., ... & Lerman, C. (2017). No effect of commercial cognitive training on brain activity, choice behavior, or cognitive performance. *Journal of Neurosci-ence, 37*(31), 7390-7402.

12 Green, C. S., & Bavelier, D. (2003). Action video game modifies visual selective attention. *Nature, 423*(6939), 534-537.

13 Anguera, J. A., Boccanfuso, J., Rintoul, J. L., Al-Hashimi, O., Faraji, F., Janowich, J., ... & Gazzaley, A. (2013). Video game training enhances cognitive control in older adults. *Nature, 501*(7465), 97-101.

14 Raz, N., Lindenberger, U., Rodrigue, K. M., Kennedy, K. M., Head, D., Williamson, A., ... & Acker, J. D. (2005). Regional brain changes in aging healthy adults: general trends, individual differences and modifiers. *Cerebral Cortex, 15*(11), 1676-1689.

15 Erickson, K. I., Voss, M. W., Prakash, R. S., Basak, C., Szabo, A., Chaddock, L., ... & Kramer, A. F. (2011). Exercise training increases size of hippocampus and improves memory. *Proceedings of the National Academy of Sciences, 108*(7), 3017-3022.

16 Stern, Y., MacKay-Brandt, A., Lee, S., McKinley, P., McIntyre, K., Razlighi, Q., ... & Sloan, R. P. (2019). Effect of aerobic exercise on cognition in younger adults: A randomized clinical trial. *Neurology, 92*(9), e905-e916.

17 Voss, M. W., Prakash, R. S., Erickson, K. I., Basak, C., Chaddock, L., Kim, J. S., ... & Kramer, A. F. (2010). Plasticity of brain networks in a randomized intervention trial of exercise training in older adults. *Frontiers in Aging Neuroscience, 2*, 32.

18 Erickson, K. I., Hillman, C. H., & Kramer, A. F. (2015). Physical activity, brain, and cognition. *Current Opinion in Behavioral Sciences, 4*, 27-32.

19 Hillman, C. H., Erickson, K. I., & Kramer, A. F. (2008). Be smart, exercise your heart: exercise effects on brain and cognition. *Nature Reviews Neuroscience, 9*(1), 58-65.

20 Castelli, D. M., Hillman, C. H., Buck, S. M., & Erwin, H. E. (2007). Physical fitness and academic achievement in third-and fifth-grade students. *Journal of Sport and Exercise Psychology, 29*(2), 239-252.

21 Basso, J. C., & Suzuki, W. A. (2017). The effects of acute exercise on mood, cognition, neurophysiology, and neurochemical pathways: a review. *Brain Plasticity, 2*(2), 127-152.

22 Blumenthal, J. A., Babyak, M. A., Doraiswamy, P. M., Watkins, L., Hoffman, B.

M., Barbour, K. A., ... & Sherwood, A. (2007). Exercise and pharmacotherapy in the treatment of major depressive disorder. *Psychosomatic Medicine, 69*(7), 587.

23 Smits, J. A., Berry, A. C., Rosenfield, D., Powers, M. B., Behar, E., & Otto, M. W. (2008). Reducing anxiety sensitivity with exercise. *Depression and Anxiety, 25*(8), 689-699.

24 Meyer, J. D., O'Connor, J., McDowell, C. P., Lansing, J. E., Brower, C. S., & Herring, M. P. (2021). High sitting time is a behavioral risk factor for blunted improvement in depression across 8 weeks of the COVID-19 pandemic in April-May 2020. *Frontiers in Psychiatry*, 1668.

25 Brand, R., Timme, S., & Nosrat, S. (2020). When pandemic hits: exercise frequency and subjective well-being during COVID-19 pandemic. *Frontiers in Psychology, 11*, 2391.

26 Feter, N., Caputo, E. L., Smith, E. C., Doring, I. R., Cassuriaga, J., Leite, J. S., ... & Rombaldi, A. J. (2021). Association between physical activity and subjective memory decline triggered by the COVID-19 pandemic: Findings from the PAMPA cohort. Preventive *Medicine, 145*, 106415.

27 Hall, G., Laddu, D. R., Phillips, S. A., Lavie, C. J., & Arena, R. (2021). A tale of two pandemics: How will COVID-19 and global trends in physical inactivity and sedentary behavior affect one another?. *Progress in Cardiovascular Diseases, 64*, 108.

28 Saint-Maurice, P. F., Troiano, R. P., Bassett, D. R., Graubard, B. I., Carlson, S. A., Shiroma, E. J., ... & Matthews, C. E. (2020). Association of daily step count and step intensity with mortality among US adults. *JAMA, 323*(12), 1151-1160.

29 Baumeister, R. F., & Leary, M. R. (1995). The need to belong: desire for interpersonal attachments as a fundamental human motivation. *Psychological Bulletin, 117*(3), 497.

30 Eisenberger, N. I., & Cole, S. W. (2012). Social neuroscience and health: neurophysiological mechanisms linking social ties with physical health. *Nature Neuroscience, 15*(5), 669-674.

31 Davey, C. G., Allen, N. B., Harrison, B. J., Dwyer, D. B., & Ycel, M. (2010). Being liked activates primary reward and midline self-related brain regions. *Human*

Brain Mapping, 31(4), 660-668.

32   Sherman, L. E., Hernandez, L. M., Greenfield, P. M., & Dapretto, M. (2018). What the brain 'Likes': neural correlates of providing feedback on social media. *Social Cognitive and Affective Neuroscience, 13*(7), 699-707.

33   Tamir, D. I., & Mitchell, J. P. (2012). Disclosing information about the self is intrinsically rewarding. *Proceedings of the National Academy of Sciences, 109*(21), 8038-8043.

34   Frost, R. L., & Rickwood, D. J. (2017). A systematic review of the mental health outcomes associated with Facebook use. *Computers in Human Behavior, 76*, 576-600.

35   Pittman, M., & Reich, B. (2016). Social media and loneliness: Why an Instagram picture may be worth more than a thousand Twitter words. *Computers in Human Behavior, 62*, 155-167.

36   Sahi, R. S., Schwyck, M. E., Parkinson, C., & Eisenberger, N. I. (2021). Having more virtual interaction partners during COVID-19 physical distancing measures may benefit mental health. *Scientific Reports, 11*(1), 1-9.

37   Steers, M. L. N., Wickham, R. E., & Acitelli, L. K. (2014). Seeing everyone else's highlight reels: How Facebook usage is linked to depressive symptoms. *Journal of Social and Clinical Psychology, 33*(8), 701-731.

38   Teppers, E., Luyckx, K., Klimstra, T. A., & Goossens, L. (2014). Loneliness and Facebook motives in adolescence: A longitudinal inquiry into directionality of effect. *Journal of Adolescence, 37*(5), 691-699.

39   Dunbar, R. I., Marriott, A., & Duncan, N. D. (1997). Human conversational behavior. *Human Nature, 8*(3), 231-246.

40   Naaman, M., Boase, J., & Lai, C. H. (2010, February). Is it really about me? Message content in social awareness streams. In Proceedings of the 2010 ACM conference on Computer supported cooperative work (pp. 189-192).

41   Barreda-ngeles, M., & Hartmann, T. (2021). Psychological benefits of using social virtual reality platforms during the covid-19 pandemic: The role of social and spatial presence. *Computers in Human Behavior, 107047*.

42   Thai, K. T., Jung, S., & Lindeman, R. W. (2020, March). On the use of active

breaks to perform eye exercises for more comfortable VR experiences. In 2020 IEEE conference on virtual reality and 3D user interfaces abstracts and workshops (VRW) (pp. 468-476). IEEE.

43 Yee, N., & Bailenson, J. (2007). The Proteus effect: The effect of transformed self-representation on behavior. *Human Communication Research, 33*(3), 271-290.

44 Peck, T. C., Doan, M., Bourne, K. A., & Good, J. J. (2018). The effect of gender body-swap illusions on working memory and stereotype threat. *IEEE Transactions on Visualization and Computer Graphics, 24*(4), 1604-1612.

45 Bolt, E., Ho, J. T., Roel Lesur, M., Soutschek, A., Tobler, P. N., & Lenggenhager, B. (2021). Effects of a virtual gender swap on social and temporal decision-making. *Scientific Reports, 11*(1), 1-15.

46 Kushlev, K., & Heintzelman, S. J. (2018). Put the phone down: Testing a complement-interfere model of computer-mediated communication in the context of face-to-face interactions. *Social Psychological and Personality Science, 9*(6), 702-710.

47 Guillory, J. E., Hancock, J. T., Woodruff, C., & Keilman, J. (2015). Text messaging reduces analgesic requirements during surgery. *Pain Medicine, 16*(4), 667-672.

48 Brown, J. D., & McGill, K. L. (1989). The cost of good fortune: When positive life events produce negative health consequences. *Journal of Personality and Social Psychology, 57*(6), 1103.

49 Lazarus, R. S. (1990). Theory-based stress measurement. *Psychological Inquiry, 1*(1), 3-13.

50 Seery, M. D. (2011). Resilience: A silver lining to experiencing adverse life events?. *Current Directions in Psychological Science, 20*(6), 390-394.

51 Katz, R. J., Roth, K. A., & Carroll, B. J. (1981). Acute and chronic stress effects on open field activity in the rat: implications for a model of depression. *Neuroscience & Biobehavioral Reviews, 5*(2), 247-251.

52 McEwen, B. S. (2004). Protection and damage from acute and chronic stress: allostasis and allostatic overload and relevance to the pathophysiology of psychiatric disorders. *Annals of the New York Academy of Sciences, 1032*(1), 1-7.

53 Miller, G. E., Chen, E., & Parker, K. J. (2011). Psychological stress in childhood and susceptibility to the chronic diseases of aging: moving toward a model of behavioral and biological mechanisms. *Psychological Bulletin, 137*(6), 959.

54 Dickerson, S. S., & Kemeny, M. E. (2004). Acute stressors and cortisol responses: a theoretical integration and synthesis of laboratory research. P*sychological Bulletin, 130*(3), 355.

55 Langer, E. J., & Rodin, J. (1976). The effects of choice and enhanced personal responsibility for the aged: a field experiment in an institutional setting. *Journal of Personality and Social Psychology, 34*(2), 191.

56 Rodin, J., & Langer, E. J. (1977). Long-term effects of a control-relevant intervention with the institutionalized aged. *Journal of Personality and Social Psychology, 35*(12), 897.

57 Glass, D. C., & Singer, J. E. (1972). Urban stress: experiments on noise and social stressors. New York: Academic Press.

58 Seybold, K. S., & Hill, P. C. (2001). The role of religion and spirituality in mental and physical health. *Current Directions in Psychological Science, 10*(1), 21-24.

59 Yeary, K. H. C. K., Ounpraseuth, S., Moore, P., Bursac, Z., & Greene, P. (2012). Religion, social capital, and health. *Review of Religious Research, 54*(3), 331-347.

60 Reinhardt, J. P., Boerner, K., & Horowitz, A. (2006). Good to have but not to use: Differential impact of perceived and received support on well-being. *Journal of Social and Personal Relationships, 23*(1), 117-129.

61 New poll: COVID-19 impacting mental well-being: Americans feeling anxious, especially for loved ones; older adults are less anxious. American Psychiatric Association. https://www.psychiatry.org/newsroom/news-releases/ new-poll-covid-19-impacting-mental-well-being-americans-feelinganxious-especially-for-loved-ones-older-adults-are-less-anxious (17 November 2021)

62 Wang, K., Goldenberg, A., Dorison, C. A., Miller, J. K., Uusberg, A., Lerner, J. S., ... & Isager, P. M. (2021). A multi-country test of brief reappraisal interventions on emotions during the COVID-19 pandemic. *Nature Human Behaviour, 5*(8), 1089-1110.

63 Scrivner, C., Johnson, J. A., Kjeldgaard-Christiansen, J., & Clasen, M. (2021). Pandemic practice: Horror fans and morbidly curious individuals are more psy-

chologically resilient during the COVID-19 pandemic. *Personality and Individual Differences, 168,* 110397.

64 Sugiyama, M. S. (2001). Food, foragers, and folklore: The role of narrative in human subsistence. *Evolution and Human Behavior, 22*(4), 221-240.

65 Viazrd, T., Sadler, K., Ford, T., et al. (2020). Mental health of children and young people in England 2020, Wave 1 follow-up to the 2017 survey (Health and Social Care Information Centre) (NHS Digitial). https://digital.nhs.uk/data-and-information/ publications/statistical/mental-health-of-children-andyoung-people-in-england/2020-wave-1-follow-up

66 Stahn, A. C., & Khn, S. (2021). Extreme environments for understanding brain and cognition. *Trends in Cognitive Sciences, 26*(1), 1-3.

67 Wood, J., Hysong, S. J., Lugg, D. J., & Harm, D. L. (2000). Is it really so bad? A comparison of positive and negative experiences in Antarctic winter stations. *Environment and Behavior, 32*(1), 84-110.

68 Palinkas, L. A., & Suedfeld, P. (2008). Psychological effects of polar expeditions. *The Lancet, 371*(9607), 153-163.

69 Palinkas, L. A. (1986). Health and performance of Antarctic winter-over personnel: a follow-up study. *Aviation, Space, and Environmental Medicine, 57*(10 Pt 1), 954–959.

70 Recchi, E., Ferragina, E., Helmeid, E., Pauly, S., Safi, M., Sauger, N., & Schradie, J. (2020). The eye of the hurricane paradox: An unexpected and unequal rise of well-being during the Covid-19 lockdown in France. *Research in social Stratification and Mobility, 68,* 100508.

71 Lopez-Leon, S., Wegman-Ostrosky, T., Perelman, C., Sepulveda, R., Rebolledo, P. A., Cuapio, A., & Villapol, S. (2021). More than 50 long-term effects of COVID-19: a systematic review and meta-analysis. *Scientific Reports, 11*(1), 1-12.

72 Abel, K. M., Carr, M. J., Ashcroft, D. M., Chalder, T., Chew-Graham, C. A., Hope, H., ... & Pierce, M. (2021). Association of SARS-CoV 2 infection with psychological distress, psychotropic prescribing, fatigue, and sleep problems among UK primary care patients. *JAMA Network Open, 4*(11), e2134803-e2134803.

73 Huang, C., Huang, L., Wang, Y., Li, X., Ren, L., Gu, X., ... & Cao, B. (2021). 6-month consequences of COVID-19 in patients discharged from hospital: a cohort study. *The Lancet, 397*(10270), 220-232.

74 Alimoradi, Z., Brostrm, A., Tsang, H. W., Griffiths, M. D., Haghayegh, S., Ohayon, M. M., ... & Pakpour, A. H. (2021). Sleep problems during COVID-19 pandemic and its' association to psychological distress: A systematic review and meta-analysis. *EClinicalMedicine, 36*, 100916.

75 Jahrami, H., BaHammam, A. S., Bragazzi, N. L., Saif, Z., Faris, M., & Vitiello, M. V. (2021). Sleep problems during the COVID-19 pandemic by population: a systematic review and meta-analysis. *Journal of Clinical Sleep Medicine, 17*(2), 299-313.

76 Qi, J., Xu, J., Li, B. Z., Huang, J. S., Yang, Y., Zhang, Z. T., ... & Zhang, X. (2020). The evaluation of sleep disturbances for Chinese frontline medical workers under the outbreak of COVID-19. *Sleep Medicine, 72*, 1-4.

77 Cho, K. (2001). Chronic 'jet lag' produces temporal lobe atrophy and spatial cognitive deficits. *Nature Neuroscience, 4*(6), 567-568.

78 Kim, H., Hegde, S., LaFiura, C., Raghavan, M., Luong, E., Cheng, S., ... & Seidelmann, S. B. (2021). COVID-19 illness in relation to sleep and burnout. *BMJ Nutrition, Prevention & Health, 4*(1), 132,

79 Irwin, M. R. (2015). Why sleep is important for health: a psychoneuroimmunology perspective. *Annual Review of Psychology, 66*, 143-172.

80 Irwin, M. R. (2012). Sleep and infectious disease risk. *Sleep, 35*(8), 1025-1026.

81 Spiegel, K., Sheridan, J. F., & Van Cauter, E. (2002). Effect of sleep deprivation on response to immunizaton. *JAMA, 288*(12), 1471-1472.

82 Gradisar, M., Gardner, G., & Dohnt, H. (2011). Recent worldwide sleep patterns and problems during adolescence: a review and meta-analysis of age, region, and sleep. *Sleep Medicine, 12*(2), 110-118.

83 Hagenauer, M. H., & Lee, T. M. (2012). The neuroendocrine control of the circadian system: adolescent chronotype. *Frontiers in Neuroendocrinology, 33*(3), 211-229.

84 Rusak, B., & Zucker, I. (1979). Neural regulation of circadian rhythms. *Physiolog-*

ical Reviews, 59(3), 449-526.

85 Czeisler, C. A., Johnson, M. P., Duffy, J. F., Brown, E. N., Ronda, J. M., & Kronauer, R. E. (1990). Exposure to bright light and darkness to treat physiologic maladaptation to night work. *New England Journal of Medicine, 322*(18), 1253-1259.

86 Gilbert, D. T., Pinel, E. C., Wilson, T. D., Blumberg, S. J., & Wheatley, T. P. (1998). Immune neglect: a source of durability bias in affective forecasting. *Journal of Personality and Social Psychology, 75*(3), 617.

87 Story, L. B., & Bradbury, T. N. (2004). Understanding marriage and stress: Essential questions and challenges. *Clinical Psychology Review, 23*(8), 1139-1162.

88 Williamson, H. C., Bradbury, T. N., & Karney, B. R. (2021). Experiencing a natural disaster temporarily boosts relationship satisfaction in newlywed couples. *Psychological Science, 32*(11), 1709-1719.

89 Van Wassenhove, V., Wittmann, M., Craig, A. D., & Paulus, M. P. (2011). Psychological and neural mechanisms of subjective time dilation. *Frontiers in Neuroscience, 5*, 56.

90 Bar-Haim, Y., Kerem, A., Lamy, D., & Zakay, D. (2010). When time slows down: The influence of threat on time perception in anxiety. *Cognition and Emotion, 24*(2), 255-263.

91 Buckhout, R., Figueroa, D., & Hoff, E. (1975). Eyewitness identification: Effects of suggestion and bias in identification from photographs. *Bulletin of the Psychonomic Society, 6*(1), 71-74.

92 Droit-Volet, S., Brunot, S., & Niedenthal, P. (2004). Perception of the duration of emotional events. *Cognition and Emotion, 18*(6), 849-858.

93 Sarason, I. G., & Stoops, R. (1978). Test anxiety and the passage of time. *Journal of Consulting and Clinical Psychology, 46*(1), 102.

94 Wittmann, M., Vollmer, T., Schweiger, C., & Hiddemann, W. (2006). The relation between the experience of time and psychological distress in patients with hematological malignancies. *Palliative & Supportive Care, 4*(4), 357-363.

95 Watt, J. D. (1991). Effect of boredom proneness on time perception. *Psychological Reports, 69*(1), 323-327.

96 Stetson, C., Fiesta, M. P., & Eagleman, D. M. (2007). Does time really slow down during a frightening event?. *PloS one, 2*(12), e1295.

97 Wittmann, M. (2009). The inner experience of time. *Philosophical Transactions of the Royal Society B: Biological Sciences, 364*(1525), 1955-1967.

98 Noulhiane, M., Pouthas, V., Hasboun, D., Baulac, M., & Samson, S. (2007). Role of the medial temporal lobe in time estimation in the range of minutes. *Neuroreport, 18*(10), 1035-1038.

99 Bailey, N., & Areni, C. S. (2006). Background music as a quasi clock in retrospective duration judgments. *Perceptual and Motor Skills, 102*(2), 435-444.

100 Avni-Babad, D., & Ritov, I. (2003). Routine and the perception of time. *Journal of Experimental Psychology: General, 132*(4), 543.

101 Redelmeier, D. A., Katz, J., & Kahneman, D. (2003). Memories of colonoscopy: a randomized trial. *Pain, 104*(1-2), 187-194.

나가는 말

1 Phillips, N. (2021). The coronavirus is here to stay-here's what that means. *Nature, 590*(7846), 382-384.

2 질병관리청 코로나 확진자 후유증 조사 추진 및 빅 데이터 개방(3.31., 정례 브리핑) https://www.kdca.go.kr/board/board.es?mid=a20501020000&bid=0015&list_no=719144&cg_code=C01&act=view&nPage=1#